ENFRENTANDO A
INFERTILIDADE

Coleção Crescer em Família

- *Adoção: exercício da fertilidade afetiva*,
  Hália Pauliv de Souza

- *É possível educar sem palmadas? Um guia para pais e educadores*, Luciana Maria Caetano

- *Equilíbrio instável: a separação dos pais narrada pelos filhos*,
  Ennio Pasinetti e Mariella Bombardieri

- *Juntos somos mais que dois: dicas para um casamento feliz*,
  Mari Patxi Ayerra

- *Quando é necessário dizer não: a dinâmica das emoções na relação pais e filhos*, Mariângela Mantovani
  e Mario Roberto da Silva

- *Um amor de irmão: como sobreviver aos ciúmes e às rivalidades entre irmãos*, Dolores Rollo

Jean Dimech-Juchniewicz

ENFRENTANDO A
INFERTILIDADE

Uma abordagem católica

Dados Internacionais de Catalogação na Publicação (CIP)
(Câmara Brasileira do Livro, SP, Brasil)

Dimech-Juchniewicz, Jean
    Enfrentando a infertilidade : uma abordagem católica / Jean Dimech-Juchniewicz ; [tradução Bruno Linhares]. – São Paulo : Paulinas, 2017. – (Coleção crescer em família)

Título original: Facing infertility : a Catholic approach.
ISBN: 978-85-356-4332-9

    1. Infertilidade 2. Infertilidade - Aspectos psicológicos 3. Infertilidade - Aspectos religiosos I. Linhares, Bruno. II. Título. III. Série.

17-07701   CDD-616.692

Índice para catálogo sistemático:
1. Infertilidade : Medicina   616.692

Título original da obra: Facing Infertility: a Catholic Approach
©2012, Daughters of St. Paul. Published by Pauline Book & Media,
50 St. Paul's Avenue, Boston, MA.

1ª edição – 2017

Direção-geral:	*Flávia Reginatto*
Editora responsável:	*Andréia Schweitzer*
Tradução:	*Bruno Linhares*
Copidesque:	*Simone Rezende*
Coordenação de revisão:	*Marina Mendonça*
Revisão:	*Sandra Sinzato*
Gerente de produção:	*Felício Calegaro Neto*
Projeto gráfico:	*Manuel Rebelato Miramontes*
Diagramação:	*Jéssica Diniz Souza*

Nenhuma parte desta obra poderá ser reproduzida ou transmitida por qualquer forma e/ou quaisquer meios (eletrônico ou mecânico, incluindo fotocópia e gravação) ou arquivada em qualquer sistema ou banco de dados sem permissão escrita da Editora. Direitos reservados.

Paulinas

Rua Dona Inácia Uchoa, 62
04110-020 – São Paulo – SP (Brasil)
Tel.: (11) 2125-3500
http://www.paulinas.org.br – editora@paulinas.com.br
Telemarketing e SAC: 0800-7010081
© Pia Sociedade Filhas de São Paulo – São Paulo, 2017

Para John
Entramos neste deserto juntos,
e você sempre me envolveu com um braço
e Cristo com o outro.

Sumário

Prefácio 9

Apresentação à edição brasileira 13

Introdução 19

CAPÍTULO 1
Esperando fecundidade 35

CAPÍTULO 2
Trabalhando a negação 43

CAPÍTULO 3
Entendendo suas opções 53

CAPÍTULO 4
Discernindo o tratamento 77

CAPÍTULO 5
Lidando com a raiva 117

CAPÍTULO 6
Lidando com a tristeza 125

CAPÍTULO 7
Inveja, vergonha, culpa e acusação 133

CAPÍTULO 8
Definindo limites e alcançando aceitação 143

CAPÍTULO 9
Considerando adoção e outras opções 161

Capítulo 10
Seguindo a Deus em meio ao sofrimento 193

Capítulo 11
Chegando ao fim de nossa jornada 209

Apêndice A
Orações para católicos que estejam enfrentando
a infertilidade 219

Apêndice B
Homens e mulheres bíblicos que enfrentaram
a infertilidade 229

Apêndice C
Santos padroeiros dos casais 239

Apêndice D
Recursos adicionais 243

Prefácio

Se você fosse visitar uma cidade estrangeira, não gostaria de poder contar com um guia que vivesse nela e falasse o idioma local? Casais adentrando no novo e desafiador mundo da infertilidade são como viajantes em uma terra distante. Jean Dimech-Juchniewicz viveu nesse lugar e fala a língua dos casais que enfrentam a infertilidade. Além disso, ela nos traz a beleza e a paz da sabedoria católica.

Casais que sofrem de infertilidade encaram espera, decepção e falsas promessas. Eles precisam tanto de cuidados físicos quanto espirituais. Jean sofreu, analisou as possíveis intervenções e enfrentou as difíceis experiências da infertilidade. Ela foi curada e sabe como alcançar a cura. Este maravilhoso livro indica o caminho da cura de uma gentil, gradual e sensível maneira. Explica a bem-sucedida abordagem que une a doutrina católica com o melhor que a ciência da medicina tem a oferecer.

A autora apresenta a Tecnologia de Procriação Natural (*NaProTechnology*). Essa nova abordagem procura identificar as causas basilares da infertilidade e conduz uma pesquisa para encontrar os mais seguros e efetivos tratamentos. O local de origem dessa pesquisa é o Instituto Papa Paulo VI para o Estudo da Reprodução Humana em Omaha, Nebraska (EUA). Eu fiz um treinamento lá em

1988, e tenho aplicado sua pesquisa com casais em New England desde então. As taxas de sucesso do Instituto Papa Paulo VI duplicaram aqui e no resto do mundo.

Um estudo conduzido na Irlanda mostrou que a *NaProTechnology* curou pelo menos tantos se não mais casais que os centros tecnológicos de reprodução artificial, por um custo menor, e sem a tragédia de congelar ou descartar embriões.[1] E esses resultados foram alcançados em uma população mais desafiadora que aquela típica dos centros de fertilização *in vitro* (FIV).

A beleza está no fato de que tais métodos naturais conduzem a gestações que ocorrem através do ato de amor entre marido e esposa, usualmente um embrião por vez, em um útero restaurado e saudável, sem técnicas *ex vivo* (fora do organismo). O distúrbio que impedia a gravidez é curado e, então, os médicos empenham-se em preservar essa pessoa recém-concebida desde os primeiros momentos de sua existência.

Como resultado, a taxa de abortos da *NaProTechnology* é muito menor que na FIV. De acordo com seus próprios dados, os centros de FIV nos EUA perdem em média 6,7 embriões para cada bebê nascido. Isso significa que eles perdem mais de seis irmãos para cada parto, e isso

---

[1] Joseph B. Standford, MD, et al. Outcomes from Treatment of Infertility With natural Procreative Technology in an Irish General Practice [Resultados do tratamento de infertilidade com Tecnologia de Procriação Natural em uma clínica irlandesa). *Journal of the American Board of Family Medicine* 21, n. 5 (set.--out. 2008): 375-384. Disponível em: <http://www.jabfm.org/cgi/content/abstract/21/5/375>.

contando apenas os embriões que chegam a ser implantados! Uma análise não publicada dos meus dados sobre o mesmo período de tempo revela que eu perdia apenas 0,07 embriões (infelizmente) para cada criança nascida. O que revela uma diferença de 96 vezes entre as perdas da FIV e da *NaProTechnology*. Isso é que é cuidado médico pró-vida!

Jean Dimech-Juchniewicz compreende tudo isso. Ela consultou sua consciência e estudou os maravilhosos ensinamentos da Igreja Católica. Como uma mulher que não só sofreu as perdas da infertilidade, mas também experimentou as alegrias e preocupações da gravidez e da adoção, ela é a guia ideal para compreender como os ensinamentos da nossa Igreja podem ajudar os casais, e mesmo o sistema médico em si, a tratarem essa tribulação chamada infertilidade. Tais ensinamentos, juntamente com o tratamento quando necessário, podem auxiliar os casais a realizar seus desejos sinceros – primeiro do amor conjugal e segundo de formar uma família de um jeito puro e moralmente lícito –, conforme a vontade de Deus.

Quando meu filho adolescente soube que eu estava revisando este manuscrito, ele perguntou: "O que é um manuscrito?". Eu lhe disse: "Este é o segundo rascunho de um novo livro para casais com problemas de fertilidade. A editora me pediu para escrever o prefácio do livro". Então, como só um estudante do Ensino Médio faria, ele perguntou: "O que é um prefácio?". "É uma breve introdução explicando quão bacana é o livro", eu respondi.

Em poucas palavras, este é um livro "muito bacana" e abrangente. Eu sonhava em escrever um livro assim para meus pacientes de infertilidade e casais que não sabiam o que fazer. Entretanto, tenho certeza de que Jean Dimech-Juchniewicz realizou um trabalho bem melhor do que eu teria feito.

Ela respondeu ao chamado de Deus, não apenas acolhendo e criando seus três filhos, mas também dedicando seu tempo a escrever estas palavras maravilhosas de sincera sabedoria. Uma bela administração dos seus dons.

Que Deus abençoe seu casamento (ou seu ministério), e eu agradeço profundamente a Jean Dimech-Juchniewicz e às Irmãs Paulinas por fornecer este recurso a vocês.

Paul A. Carpentier, MD, CFCMC[2]

---

[2] Dr. Paul A. Carpentier, MD, é presidente da American Academy of Fertility*Care* Professionals. Ele atua como consultor médico certificado em Fertility*Care* em Gardner, Massachusetts, e é vice-presidente da Worcester Guild da Associação Médica Católica. Foi um dos primeiros médicos familiares treinados pelo Doutor Hilgers no Instituto Papa Paulo VI para os Estudos da Reprodução Humana em 1988. Sua clínica se chama In His Image Family Medicine [À sua imagem – Medicina Familiar].

Apresentação à edição brasileira

Ler *Enfrentando a infertilidade: uma abordagem católica* reavivou em mim algumas dores vividas e também alguns caminhos já percorridos. Mas também me conduziu a um maior entendimento da fé com esperança, proporcionando reflexão importante sobre o significado de verdadeiramente se entregar aos caminhos de Deus. O texto é extremamente envolvente. Não conseguia parar de lê-lo, mesmo entre muitas lágrimas, tamanha identificação que senti com minha trajetória pessoal e profissional.

A infertilidade é como a travessia de um deserto, de um lugar de abandono, de um momento no qual o casal se sente suspenso na vida, sem conseguir progredir em seus planos, sonhos e objetivos. Percebemo-nos fora do mundo, marginalizados, excluídos de fases que amigos nossos ou parentes estão passando, excluídos dos eventos sociais e dos problemas corriqueiros discutidos em rodas de conversa. Sentimo-nos ignorados numa dor surda e solitária...

As pessoas que nos amam, na maioria das vezes, não conseguem imaginar a profundidade da angústia de uma doença que não mata o corpo físico, mas que atinge a alma e esmigalha o coração. Não percebem o sofrimento da ausência de um filho que, para elas, nunca existiu.

Os sentimentos de incompreensão e solidão são potencializados quando a sociedade e a ciência colocam como opção resolutiva os métodos artificiais de reprodução assistida. E nós caímos nessa tentação, submetendo-nos a diversos tipos de procedimentos. Os resultados aparentemente são promissores, mas a forma como esses tratamentos são apresentados pela mídia, de maneira geral, não mencionam todo o custo para o casal, além do desgaste financeiro, físico e emocional.

As pessoas imaginam uma solução fácil, como se gerar um filho fosse encomendar um produto numa loja. Esperam um resultado de 100% já na primeira tentativa, quando as estatísticas apontam que, na verdade, as chances não passam de 50% em cerca de 3 tentativas. Isso sem mencionar as questões éticas que, por conveniência, são esquecidas ao longo dessa caminhada. Como, por exemplo, o que fazer com os embriões que não foram transferidos para o útero? Congelar? Descartar? Doar para outro casal ou para pesquisa? E quantos embriões morrem até que um consiga sobreviver a todo esse processo e chegue a uma gestação de termo?

Segundo o Sistema Nacional de Produção de Embriões (SisEmbrio), o 7º relatório elaborado pela Agência Nacional de Vigilância Sanitária (Anvisa) aponta que em 2013 o

Brasil mantinha cerca de 38 mil embriões congelados em clínicas de reprodução assistida. Já o 9º relatório, referente ao ano de 2015, mostra que em dois anos esse número chegou a 67.359 embriões congelados. Um aumento de 77,26% em apenas dois anos.

Não são aglomerados de células. São vidas congeladas, às quais, pelas normas do Conselho Federal de Medicina, depois de cinco anos é preciso dar um destino... Novamente a questão ética se impõe: que destino?

Outro dado a que a maioria dos casais não se atenta, é que o número de embriões transferidos, 73.472, conforme informado ao Sistema Nacional de Produção de Embriões no ano de 2015, chega muito próximo ao número de embriões descartados, 56.067. Ainda mais alarmante é que a quantidade de embriões gerados não se equipara ao número de gestações que foram a termo e de bebês nascidos vivos! Um trabalho publicado na revista *Human Reproduction* em 2006 evidencia a proporção de quantas vidas se perdem para que se consiga uma: "Obtiveram-se 368 embriões normais. Transferiram-se [para o útero das pacientes] 331 [embriões] e tornaram a ser congelados os 37 restantes. Dos 331 transferidos, conseguiram implantar-se adequadamente 145 [embriões]. Finalmente obtiveram-se 18 gestações (12,4%), das quais 12 pacientes deram à luz 13 crianças sadias. No primeiro trimestre, ocorreram 6 abortos (33%)" (*Human Reproduction*, 21; 370, 2006, in

Aceprensa 3-6-V-06, Panorama, p. 8.) Em resumo, de 368 embriões normais, conseguiram-se apenas 13 crianças nascidas vivas (3,53%), o que é realmente catastrófico. Vale qualquer coisa para ter um filho biológico?

Pergunto-me se os casais que optam por entrar no processo de reprodução assistida têm de fato consciência de que, para se obter um bebê, um filho, 28 embriões em média morrem entre as inúmeras tentativas que são feitas.

Ainda assim, com todas essas questões, sendo médica e católica, submeti-me a esses tratamentos e levei tempo para entender o tamanho do meu egoísmo e da minha imaturidade... Tivemos que passar por toda a dor das tentativas frustradas e buscar refúgio e entendimento nas encíclicas *Humae Vitae* e *Donum Vitae*, e na *Teologia do Corpo*, de São João Paulo II. Foi uma longa caminhada que só passou a fazer sentido quando deixei Deus me conduzir e mostrar seus planos para mim.

O meu próprio percurso na estrada da infertilidade possibilitou-me entender melhor os desejos e as angústias dos casais que passam por essa dificuldade e, assim, hoje, posso acolhê-los ainda melhor.

Essa experiência levou-me a conhecer, como paciente e como ginecologista obstetra, o método natural de planejamento familiar *Creighton Model System* (CrMS), e a *NaProTechnology*, ciência médica aplicada ao ciclo fértil da mulher. Estudar o *CrMS* e a *NaPro* e disponibilizá-los para os casais aqui no Brasil trouxe a infindável alegria de me sentir instrumento da vontade de Deus e de seus planos. Mesmo que pessoalmente ainda seja dolorida e não resolvida a questão da maternidade, minha infertilidade e o sofrimento que vem com ela, sem dúvida, acabaram revelando na minha vida um propósito muito maior.

Quando fui apresentada ao *CrMS*, enquanto usuária do método, percebi a verdadeira forma de usar o livre-arbítrio, exercido com responsabilidade. Aprendi que cada casal é chamado a se tornar cocriador do Reino de Deus e não "árbitros", como quando se opta por um método de reprodução artificial para gerar a vida.

O *Creighton Model System* e a *NaProTechnology* são exemplos de uma resposta da Igreja e da ciência para ajudar os casais com problemas de fertilidade a engravidar através do ato conjugal, e não de métodos de reprodução artificial.

Ao longo desses anos me senti sozinha e incompreendida por diversas vezes e a presente obra dá voz a todos esses sentimentos confusos, profundos e solitários, auxiliando, além dos próprios casais que sofrem com a infertilidade, os familiares e amigos, diretores espirituais e profissionais da área de saúde a lidarem melhor com essa questão tão delicada. Por fim, este livro ajuda especialmente os católicos que se querem manter fiéis ao Magistério da Igreja, viver na plenitude a construção da sua família a partir de uma sexualidade conjugal plena e encontrar pistas para muitas de suas dúvidas e anseios. Auxilia também na busca da fé com esperança, nos dando a perseverança necessária para permanecermos na caminhada com Cristo e trabalharmos a entrega à vontade de Deus cada vez mais.

Obrigada, Angelique Ruhi-Lopez e Carmen Santamaría, pelo belíssimo testemunho e trabalho desenvolvido, e a Bruno Linhares por ter traduzido o livro, disponibilizando o acesso desta obra maravilhosa a tantos casais brasileiros que sofrem de infertilidade.

Carolina Delage, MD, CFCMC[1]

---

[1] Ginecologista obstetra certificada pela *American Academy of FertilityCare Professionals*.

Introdução

> Bendito aquele que confia no SENHOR,
> o SENHOR mesmo será sua segurança.
> Ele será como árvore plantada à beira d'água,
> que deita raízes rumo ao rio,
> nem vê chegar o tempo do calor.
> Suas folhas estão sempre verdejantes,
> nem se preocupa com um ano de seca,
> e nunca deixa de produzir o seu fruto.
> (Jr 17,7-8)

Minha mãe sempre disse que queria ter tido mais filhos. Para ela, uma mulher católica italiana com cinco irmãos e incontáveis sobrinhos, quatro crianças simplesmente não parecia o bastante. Eu cresci com o mesmo desejo em meu coração. Quando o padre, que mais tarde testemunharia nosso casamento, perguntou a mim e ao John quantos filhos queríamos ter, eu chutei errado. Disse "pelo menos quatro" contra "no máximo dois" do John, para que ele não saísse correndo da sala. (Eu imaginei que, no fim, Deus é que determinaria isso para nós.) Sempre desejei ter tantas crianças quantas fossem possíveis alimentar. Quis ser muitas coisas na vida, mas meu desejo mais profundo era ser mãe. O Senhor havia gravado esse desejo em meu coração desde muito cedo. Eu aspirava ser a mulher descrita no belo Salmo que escolhemos para a liturgia do nosso casamento: "Tua esposa será como uma vinha fecunda no interior de tua casa; teus filhos, como brotos de oliveira ao redor de tua mesa" (Salmo 128[127],3).

Esse forte desejo por crianças continuou a crescer no dia do nosso casamento. Cada vez que meu pai segurava o microfone naquele dia, ele mencionava suas altas expectativas acerca dos netos. Mais tarde, descobri que até uma pequena aposta estava sendo feita entre os padrinhos. A estimativa mais generosa nos dava pouco mais de um ano para uma criança chegar. Ah, como eu gostaria que estivessem certos!

Começamos a tentar conceber em abril de 2003. Lembro-me bem daquele ciclo. Foi a última vez, por um longo tempo, que meu marido e eu fizemos amor sem nos sentirmos estressados. Em breve nossos momentos mais íntimos seriam marcados pela incerteza, que mais tarde se tornaria preocupação, tristeza e dúvida. Eu me perguntava se não haveria alguma coisa que deveríamos estar fazendo para conceber uma criança que ainda não soubéssemos, algo que todo mundo tinha conhecimento. Eu teria ficado de ponta-cabeça se alguém dissesse que isso ajudaria a engravidar.

Chegou setembro. Eu trabalhava como capelã católica no ministério universitário, e os estudantes chegavam cheios de idealismo. Nada disso me contagiou. Eu estava morrendo de medo. Não contei a ninguém, nem à minha mãe, dos exames que meu ginecologista concordou em começar a realizar precocemente, dado o histórico de infertilidade dela. Minha irmã mais velha, Martha, acidentalmente descobriu que estávamos tentando engravidar, quando viu um gráfico de temperatura basal que havia esquecido de guardar. Fiquei com raiva de ela ter descoberto que estávamos com dificuldades, e me recusei a conversar a respeito disso com ela. Eu estava em estado de negação. Pensava que se não contasse para ninguém, não estaria acontecendo. No começo, não queria falar sobre isso nem mesmo com Deus.

O diagnóstico de infertilidade foi uma baita experiência isolante. Cheguei a odiar o panfleto roxo que meu médico me deu com todas as informações sobre os exames que eu teria de fazer. Odiava sentar na sala de espera com todas aquelas mulheres grávidas, que – eu tinha certeza – sabiam exatamente o que havia em meu embaraçoso panfleto roxo. Eu não podia sequer pegar uma revista sem ser acossada por fotos de barrigas e bebês. Odiava meu próprio corpo, que estava zombeteiramente ficando maior a cada mês, não devido à gravidez, mas à compulsão alimentar à qual eu me rendia cada vez que ficava menstruada.

E claro, odiava minha menstruação. O ciclo mensal começava com um lampejo de esperança que aumentava de intensidade após a ovulação e podia atingir a forte luz da clara certeza em direção ao fim do ciclo, apenas para se extinguir ao som da descarga do banheiro. Era como um funeral a cada mês, e eu tinha pouco tempo para me recuperar antes de ter que recuperar o meu juízo e estar pronta para tentar de novo. Estava tão revoltada com a vida. Detestava despertar pela manhã para a dolorosa realidade que lentamente ia se estabelecendo: talvez sejamos inférteis.

O estresse em nosso casamento se tornou significativo. John e eu começamos a brigar, geralmente por nada. Ele pensava que não devíamos nos preocupar, e eu já estava apavorada. As briguinhas se transformaram numa atmosfera de discórdia à flor da pele. Às vezes, as discussões eram tão tensas que terminavam com bater de portas e um de nós parando de falar com o outro. Comecei a temer que estivéssemos danificando irreversivelmente nossa amizade.

Eu só tinha tempo de ficar sozinha enquanto dirigia para o trabalho ou na volta dele. Aquele trajeto costumava ser meu momento de rezar, mas agora evitava conversar com Deus. Só tinha uma coisa em mente e até então o Senhor não havia atendido meu pedido. Fui à capela do trabalho um dia e me sentei em frente ao sacrário e não disse nada a ele. Nada. Eu tinha fé de que Deus ainda estava ali. Sabia que ele me amava. Sabia que ele não causara minha infertilidade. Mas também sabia que ele poderia curá-la, se quisesse. Até então não o havia feito, e aquilo me enfurecia.

Quanto mais meu marido e eu falávamos sobre nossos sentimentos, menos brigávamos. Após eu ter me confessado, meu pároco me disse para marcar uma consulta com uma diretora espiritual. Quanto mais conversava com ela, menos eu mantinha minha raiva. Ela me conduziu diretamente a Cristo, a quem derramei minha tristeza. Meu marido também começou a conversar com um padre e achou muito útil.

Lentamente, nossa raiva deu lugar à tristeza. Ao invés de silêncio, eu passava o trajeto do trabalho aos prantos. Do fundo da minha alma, desejava estar grávida. Um exame mostrou que uma das minhas tubas uterinas estava obstruída. Mais ou menos ao mesmo tempo, o espermograma do meu marido trouxe más notícias: a morfologia dos seus espermatozoides estava ruim. Agendamos uma laparoscopia para mim e uma consulta com um urologista para ele.

Nesse meio-tempo, o Natal se aproximava. O Natal foi difícil porque eu achava que me estaria preparando para dar à luz meu primeiro bebê. No mundo secular, o Natal tem tudo a ver com as crianças. Os pais compram roupinhas ou enfeites que dizem "O primeiro Natal do bebê". Na noite de Natal eles gravam as reações das crianças aos presentes embaixo da árvore. Para quem está tentando engravidar, o Natal geralmente é bem triste. No meio das comemorações de todo mundo, casais podem intimamente lamentar a passagem da festa sem uma criança. Para os católicos, o Natal tem tudo a ver com uma criança – o Menino Jesus. Segurei as lágrimas na missa, enquanto escutava a milagrosa história da concepção de Jesus e seu nascimento. Todas aquelas cenas da manjedoura e os cartões de Natal me fizeram perguntar: Quando meu bebê repousaria em seu berço? Onde estava o meu milagre? Onde estava o meu bebê? Por que não eu, Senhor?

Não conseguia olhar-me no espelho sem me sentir um fracasso. Sentia como se estivesse em guerra com o meu corpo, e perdendo. Detestava ficar perto de mulheres grávidas, mas me sentia obrigada a ir aos chás de bebê da família. Aquele parecia ser o ano em que todo mundo engravidou. Eu só consegui aguentar o chá de bebê da minha prima porque estava sentada perto de minha irmã Martha e minha outra prima, que também estava passando pelo problema da infertilidade. Nós tivemos nossa própria festinha particular de pena de si mesmas, e afundamos juntas em inveja, amargura e ressentimento.

Um dia, durante uma reunião no trabalho, uma colega anunciou que estava grávida. Após encarar alguns minutos dolorosos de felicidade e congratulações simuladas, achando que ninguém faria a ligação, pedi licença, caminhei calmamente de volta à minha sala, fechei a porta, sentei-me no chão e chorei. Meu telefone tocou. Nossa gerente, uma amiga querida e uma voz de sanidade, disse que havia acabado de ouvir as novidades e estava indo me consolar. Ela me ajudou a entender que meus sentimentos eram normais, que minha colega não fazia ideia do que eu estava passando e que se eu quisesse secretamente odiá-la por um tempo, tudo bem. Mas essa era a pior parte. Eu não a odiava, de maneira alguma. Eu só odiava o fato de ela estar grávida e eu não. Eu não conseguia parar de pensar nos meus próprios sentimentos por tempo suficiente para poder ficar feliz por ela. Minha inveja me fazia sentir terrivelmente culpada.

Talvez, pior que a inveja, fosse a culpa que eu sentia por não ser capaz de dar um filho ao meu marido, e por não ser capaz de dar netos aos meus pais e aos pais dele. Eu tinha pesadelos sobre perder meus pais antes de ter um bebê, e criar uma criança que jamais os conheceria. Era assombrada pelo temor de que meus sogros viessem a se arrepender de seu filho ter casado comigo, em vez de ter se unido a alguém capaz de conceber uma criança. Sentia que precisava desculpar-me com eles e pedir que me perdoassem. É claro, eles não pensavam nada disso. Mas eu sim.

Um padre amigo do trabalho concordou em celebrar o sacramento da Unção dos Enfermos, antes da minha primeira laparoscopia. Encontramo-nos na capela e meu marido e eu rezamos fervorosamente pela cura. Eu sabia da teologia por trás do sacramento. Jesus curou muitos doentes durante o seu ministério. Quando fundou a sua Igreja, deu aos apóstolos o poder e a autoridade para fazer o mesmo em seu nome. Seus sucessores, nossos bispos, juntamente com os padres da Igreja Católica, ainda compartilham do ministério restaurador de Cristo através desse sacramento e do sacramento da Confissão. Imaginei que, se Deus fosse me curar, esse seria o caminho. Eu tinha intenções claras. Não estava interessada no que eu confusamente tomaria como uma vaga cura emocional ou espiritual. Queria ser fisicamente curada, de modo que pudesse engravidar. Às vezes a cura que nós queremos não é a cura de que precisamos. Então eu esperei pela resposta de Deus.

Ela veio na manhã de janeiro em que eu acordei grogue da anestesia. Eu jamais esquecerei a expressão no rosto da minha médica após a primeira laparoscopia, quando ela disse "eu sinto muito" e simplesmente balançou a cabeça com lágrimas nos olhos. Mesmo naquele estado de semiconsciência, eu sabia que era algo ruim. Deus tinha dito não. John estava ao lado do meu leito tentando evitar que eu o visse chorar. Uma das minhas tubas estava tão inchada e contorcida devido a uma infecção passada, que não havia o que fazer. Ela foi removida em uma cirurgia subsequente. A segunda tuba parecia estar seguindo o mesmo caminho. A médica me encaminhou para um especialista em fertilidade – ou seja, um endocrinologista reprodutivo –, mas não me deu muitas esperanças.

Mais tarde, enquanto aguardávamos na sala de espera desse novo médico, olhei em volta. Não havia mulheres grávidas, nem revistas de grávidas e nenhum bebê. Ninguém fazia contato visual. Estávamos todos perdidos em nossos mundos de tristeza desesperadora. Para passar o tempo, meu marido e eu lemos algumas páginas impressas de um fórum *on-line* sobre FIV, esquecidas por outro paciente. As pessoas que postavam estavam machucadas e esgotadas devido ao processo, que parecia ser verdadeiramente desumano e decepcionante. Concordamos silenciosamente que aquilo não era para nós. Não apenas parecia tremendamente difícil e caro, mas nós já estávamos familiarizados com as orientações da moral católica a respeito desse assunto e as aceitávamos completamente em nossos corações.

Após ter revisado nosso prontuário, nosso novo médico em fertilidade nos chamou em seu consultório para pronunciar seu diagnóstico: "Seu útero está bom... a FIV vai funcionar". Com estas palavras, nossa fé estava sendo testada de um jeito que nunca fora antes. Tínhamos acabado de nos comprometer outra vez em seguir nossa consciência, e agora ouvíamos que esse único ato nos daria a criança que tanto queríamos. O silêncio reinou.

Sem sentir necessidade de explicar nossas convicções teológicas e morais, eu finalmente gaguejei: "É que... nós somos católicos. Não queremos fazer FIV. Há alguma outra possibilidade? Não é possível tentar corrigir minhas tubas? O senhor estaria disposto a fazer uma Transferência de Óvulos para a Tuba Anterior (LTOT, na sigla em inglês)? Disseram-nos que uma cirurgia poderia corrigir a morfologia dos espermatozoides do meu marido".

Pela cara que ele fez enquanto eu mencionava estas alternativas, parecia estar pensando que eu era maluca. Ele não demonstrava ter interesse em efetivamente curar a causa da nossa infertilidade. E então veio a sua teologia pessoal: "Eu sei que alguns dos meus colegas pensam ser Deus, mas eu não. Eu acredito que o trabalho que eu faço com a FIV é um dos meios que Deus usa para fazer milagres acontecerem".

Aquilo soou tão convincente! Ele tentou nos dissuadir de seguir a nossa tradição religiosa e se aferrou a uma noção muito popular e inverídica, que soa plausível: "Deus ama os bebês e deseja que todo mundo seja feliz, logo Deus deve estar de acordo como tudo o que fizermos para concebê-los". Pela graça de Deus, nós não caímos nessa. Depois de ouvirmos tudo sobre as convicções pessoais de nosso médico, finalmente deixamos claro que não concordávamos e não consideraríamos a FIV. Em resposta, ele nos disse que não deveríamos esperar conceber uma criança de qualquer outra maneira. Se quiséssemos uma família, ele nos falou francamente, teríamos que fazer outros planos. Nós nunca conceberíamos.

Parecia uma sentença de morte. Naquele momento nosso mundo parou de girar e o tempo parou. Se eu soubesse àquela época o que hoje sei sobre os milagres da *NaProTechnology*[1] – um dos segredos mais bem guardados na Igreja Católica –, nossa vida teria tomado um caminho bem diferente.

Pouco tempo depois de termos aceitado a nossa infertilidade e de dar início a um processo de adoção, recebemos a maravilhosa notícia de que minha irmã Mary estava grávida de seu primeiro filho. Eu digo que foi uma notícia maravilhosa, e de fato era. Seu filho, meu sobrinho e afilhado, foi uma bênção à nossa família e nós o amamos

---

[1] Até o momento (agosto de 2017) não existem médicos que pratiquem a *NaProTechnology* no Brasil. Só recentemente o Creighton Model System começou a ser difundido no país.

profundamente. Mas, como uma viúva cuja melhor amiga anuncia o seu noivado, eu estava feliz por minha irmã e triste por mim. Sua bênção me fazia lembrar a minha dor. E claro, meus sentimentos naturais, porém egoístas, me traziam culpa. Afinal, eu não deveria unicamente sentir uma alegria plena? Quão insensível eu era? Minha irmã Mary, em muitos sentidos uma gêmea minha, estava experimentando aquilo que eu pensava que jamais experimentaria. E eu agradeço a Deus por agora sabermos que ela não passaria pela minha dor, a dor compartilhada por nossa irmã mais velha Martha e minha mãe. Todas as mulheres da minha família pareciam acometidas dessa praga, e ficamos muito aliviadas de que ao menos Mary houvesse escapado dela. Entretanto, o sofrimento me devastava novamente.

Ao longo da gravidez de Mary, fiquei pensando na genitora do meu futuro filho. Minha irmã grávida agraciou-me com uma janela para a maternidade biológica, enquanto eu aguardava a chegada do meu filho.

Os meses seguintes me trouxeram mais e mais papéis da adoção e excitação antecipada, enquanto esperávamos notícias sobre o nosso filho. Nós tínhamos aceitado completamente a perda da nossa fertilidade e mentalmente seguimos adiante. Estávamos superanimados para adotar. Apesar disso, ao final da gravidez da minha irmã, quando ela me ligou a caminho do hospital para me contar que o trabalho de parto havia começado, eu ecoei sua alegria e excitação, desliguei o telefone, desabei sobre os joelhos e solucei. Naquele momento, aprendi que adoção cura a falta de filhos, mas não cura a infertilidade.

Deus tem um incrível senso de humor. Nós recebemos as referências do nosso filho e viajamos para a Coreia para trazê-lo para casa em setembro de 2005. Foi amor à primeira vista. Ele era o nosso primeiro menino e finalmente nos fez ser pais. Não podíamos estar mais emocionados. Enquanto ainda flutuávamos em nosso novo êxtase de paternidade, nós descobrimos que, contra todas as probabilidades e sem tentar conscientemente, eu engravidei. Nós ficamos atordoados!

Nossos filhos têm catorze meses de diferença. O primeiro foi gerado em meu coração e o segundo, em meu útero. Eles são os melhores amigos um do outro. Meu marido e eu tivemos a graça de nos tornarmos pais tanto pela adoção como pela concepção, e sabemos por experiência própria que nenhuma das vias é melhor que a outra. São ambos belos caminhos para acolher o dom de ter crianças em sua família.

As realidades da maternidade me ensinaram que o sofrimento nunca acaba por completo nesta vida. Embora minha infertilidade houvesse aparentemente cessado por um tempo, meu segundo filho passou seus últimos quatro meses de gestação lutando para sobreviver. Estive em risco de parto prematuro por três meses e precisei ficar em repouso absoluto. Parecia que toda semana nós corríamos para o hospital na iminência de um aborto. Aqueles meses foram piores para mim e mais difíceis para o nosso casamento do que a infertilidade jamais fora, e foram seguidos de vários meses de uma significativa depressão.

Querendo evitar a dor da infertilidade, e temendo outra gravidez de risco e possível aborto espontâneo, caso concebêssemos, nós decidimos voltar para a Coreia no intuito de adotar nossa terceira criança. Em novembro de 2008, trouxemos para casa nossa doce bebezinha. Somos verdadeiramente abençoados por ter três crianças saudáveis e, pela graça de Deus, temos uma família muito feliz.

Entretanto, nossa família ainda não parecia completa. A sensação era de que estava faltando alguém. Após cuidadosamente orar e discernir, John e eu descobrimos que Deus ainda tinha planos para nossa família. Começamos a tentar conceber nosso quarto filho em outubro de 2010 e retornamos à montanha-russa emocional da infertilidade. Desta vez, conhecendo meu histórico e estando mais informada sobre a *NaProTechnology*, fomos diretamente a um médico treinado nesse método. Que experiência diferente! Não apenas o seu comportamento em volta do leito era muito mais sensível – foi o primeiro médico a dizer "Deus te abençoe" após falar ao telefone comigo –, mas ele realmente diagnosticou e estava tratando as principais causas da minha infertilidade.

Esse médico se preocupa com a minha saúde como um todo e é bastante holístico em sua abordagem. Através de cuidadosos exames, cirurgias e tratamentos, ele está me ajudando a lidar com diversos detalhes clínicos que poderiam impedir a concepção e uma gravidez saudável. Ele é treinado para ser um detetive, procurando pistas para as causas ocultas da infertilidade, enquanto médicos que não são treinados em *NaProTechnology* não o fazem.

Minha primeira experiência com a infertilidade foi um presente porque me ensinou muitas lições das quais posso me valer agora que estou passando por isso pela segunda vez. Em meio aos altos e baixos de cada ciclo falho, sei agora que buscar a vontade de Deus para nossas vidas é mais importante que conceber um bebê. Sei que, se Deus quiser que adotemos novamente, ele nos mostrará isso, e é o que faremos. E, se depois de tudo, Deus tiver outra coisa em mente e nós não tivermos uma quarta criança, acredito de todo o coração que ele permitirá que fiquemos em paz com isso.

Gostaria que houvesse um livro sobre infertilidade escrito a partir de uma perspectiva católica, quando passei por isso da primeira vez. Procurei em livrarias, magazines e na internet por algum tipo de apoio em minha luta espiritual e emocional. As únicas informações que consegui encontrar eram as escritas pelo Vaticano ou pela Conferência Nacional dos Bispos dos Estados Unidos. Embora elas me ajudassem em termos de compreender o ensinamento moral da Igreja sobre os tratamentos médicos e tecnologias reprodutivas para a infertilidade, não forneciam o apoio e o conforto que eu procurava. Além disso, mesmo com a minha graduação em ministério católico, achei tais documentos difíceis de entender.

Então, comecei a escrever a minha história e isso evoluiu para este livro. Por meio dele, espero me tornar uma guia e companhia para católicos que estão começando a suspeitar da possibilidade de serem inférteis. Saibam que vocês não estão sozinhos, que a ajuda e o apoio estão disponíveis e que nossa fé católica pode ser uma fonte de fortalecimento emocional na sua batalha para construir uma família. Vocês descobrirão que há ajuda disponível da parte de médicos que compartilham da nossa fé católica e trabalham com os tratamentos de infertilidade de ponta, cuja eficiência rivaliza, se não ultrapassa, à da FIV. Apesar de as páginas que se seguem oferecerem uma tremenda esperança, não posso garantir que vocês terão um filho biológico. O que posso garantir é que o Senhor permanecerá com vocês nesta jornada e que ele tem planos maravilhosos para vocês, que irá revelar em seu próprio tempo.

Convido vocês a lerem este livro com o coração aberto e espírito de oração. Antes de retomar a leitura, talvez queiram começar com uma oração, de maneira a ouvirem a voz de Deus falar em seu coração. Assim, cada capítulo se inicia com uma passagem das Escrituras e é concluído com uma oração extraída do livro dos Salmos – a poesia do próprio Deus – para que vocês possam refletir sobre como a Palavra de Deus se relaciona com a atualidade de suas vidas. Vocês acompanharão a história de diferentes mulheres que passaram pela infertilidade antes de vocês, cujas histórias lhes inspirarão e trarão conforto, e que se tornarão uma irmandade de fé e força. Elas concordaram em partilhar suas histórias na esperança de extrair algo de bom de suas experiências de sofrimento. Às vezes é difícil para amigos e familiares saber o que dizer e como serem prestativos, então incluí algumas dicas para eles, caso vocês também queiram sugerir-lhes a leitura deste livro.

Finalmente, espero que as questões ao final de cada capítulo ajudem a abrir um canal de comunicação entre você e seu/sua esposo/a, no intuito de que venham a compreender a experiência um do outro mais profundamente, ofereçam maior apoio um ao outro e permitam que essa experiência fortaleça sua fé e seu casamento. Deus chamou ambos para este momento a fim de realizar uma grande obra sobre vocês. Embora pareça difícil de acreditar, Deus anseia por vocês mais que vocês por uma criança. Se permitirem que a sua graça frutifique em suas vidas, através desse momento difícil, descobrirão que o plano final de Deus é atraí-los para ele, onde vocês encontrarão um amor e uma felicidade tão grandes que nem mesmo uma criança poderia dar.

CAPÍTULO 1

Esperando fecundidade

> Tua esposa será como uma vinha fecunda
> no interior de tua casa;
> teus filhos, como brotos de oliveira
> ao redor de tua mesa.
> (Salmo 127[128],3)

Sempre quis ser mãe. Também queria que minha vida profissional estivesse bem estabelecida antes de ter filhos. Uma vez que já tinha uma posição estável na minha carreira de engenheira e meu marido e eu estávamos casados, pensamos que tudo se encaixaria em seu lugar. Desejávamos pelo menos uma menina e um menino. Não importava a quantidade de crianças que tivéssemos que gerar para conseguirmos um de cada, e qualquer tempo extra que levasse para construir essa família seria um acréscimo à nossa felicidade. Pelo menos esse era o nosso plano.

Começamos a tentar engravidar. Depois de um ano sem sucesso, isso passou a nos preocupar. Minha ginecologista recomendou que fôssemos a um especialista em fertilidade para descobrir o motivo. Após alguns meses fazendo exames, nós estacamos em uma "infertilidade sem explicação". Isso não era uma resposta e fez o processo todo ser muito mais frustrante.

Com a ajuda de nosso especialista em fertilidade, nós concebemos duas vezes durante o ano seguinte. Ambas as gestações acabaram em aborto espontâneo. O segundo exigiu uma recuperação de seis meses. Uma vez que atingimos o fundo do poço, parecia que fosse demorar uma eternidade até tentarmos novamente, mas, por fim, nós tentamos. Todo mês eu esperava pelo resultado final para me manter motivada e tentava permanecer otimista. A cada mês ficava mais difícil ter esperança, mas não tínhamos outra escolha.

Os últimos três anos foram como um passeio numa montanha-russa emocional. Finalmente, nós concebemos e eu estou agora com vinte e oito semanas de gravidez – bem à frente do ponto das perdas anteriores. Andamos pisando em ovos desde que descobrimos a gravidez, mas cada dia dela tem sido uma bênção. Toda a tristeza valeu cada segundo.

– M. C.

Muitas pessoas começam a vida de casada com uma excitante lua de mel – talvez passeando por uma praia do Caribe ou percorrendo a Europa. Poucas são as que preveem infertilidade, embora mais de um em cada dez casais eventualmente enfrentem essa dor e encontrem-se nesse deserto.

Podemos ter passado nossa infância brincando de ser mamães e papais dos nossos bichinhos de pelúcia e bonecas. Quando atingimos a adolescência, talvez até comecemos a sonhar com nossos futuros filhos. Talvez escolhamos seus possíveis nomes ou vislumbremos futuras bailarinas e atletas. Com o amadurecimento da relação com nossos próprios pais, passamos a pensar que tipo de pais queremos nos tornar um dia.

E então ficamos noivos. Se casamos na Igreja Católica, concordamos em aceitar os filhos que Deus nos der e criá-los em nossa fé. Muitos casais acreditam que não terão dificuldades em engravidar e dar à luz crianças saudáveis. Afinal, vimos muitos de nossos parentes e amigos se tornando pais sem qualquer esforço. E aí entramos em uma das fases mais excitantes de nossos casamentos. Desejando nos tornar pais, começamos a jornada antecipando o sucesso. Agora o futuro sonhado está ao nosso alcance. Já podemos praticamente sentir o gostinho da paternidade. Podemos até ter reservado um quarto para o bebê, começado a pintar ou estar sonhando com as roupinhas da última moda. Mas então, no limiar dessa empolgação e esperança, o desapontamento desfere seu golpe esmagador.

Meses se passam sem que nada aconteça. Ou talvez a gravidez termine em um aborto espontâneo. Talvez exista uma criança esperando se tornar um irmão ou irmã mais velha, que não entende por que a espera parece não ter fim. Independentemente de como vier, a infertilidade envolve uma perda muito real. Embora os casais certamente sintam essa perda num nível emocional, às vezes pode ser difícil determinar a causa. A jornada da infertilidade pode ser tão permeada de "e se" e "talvez se" e "só mais um ciclo" que pode parecer que nunca termina. Perguntamo-nos se haverá um momento de seguir adiante. É duro encarar a meta cobiçada como uma possível perda, quando estamos freneticamente nos agarrando à esperança.

Mesmo no caso de um aborto espontâneo, em que uma pessoa de verdade morre – não importando o quão pequenina era –, muitos casais lutam com a ideia de que eles realmente se tornaram pais daquela criança. Sua incerteza não é sanada quando bem-intencionados, mas equivocados, médicos lhes dizem que "ainda não era *exatamente* um bebê", mesmo com nossa fé católica ensinando que uma única e insubstituível vida humana é criada por Deus no momento da concepção. Muitos católicos que passam por tal experiência consolam-se na esperança de que um dia encontrarão seus filhos no paraíso.

Independentemente das causas médicas subjacentes, a infertilidade talvez seja um dos exemplos mais dolorosos de sofrimento humano. Nossa presente inabilidade de conceber uma criança, de manter uma gravidez e dar à luz um bebê saudável atinge o cerne do nosso ser. Fomos criados para "crescer e multiplicar". Fomos feitos para desejar filhos. Estamos intimamente comprometidos a cooperar com Deus na criação de novas vidas. É simplesmente como

Deus nos fez. Quando isso não acontece, mesmo que apenas por um tempo, questionamos nossa masculinidade e feminilidade, que está no centro de quem somos enquanto seres humanos. A infertilidade sacode as fundações da nossa vocação para o matrimônio e a vida em família. Ela nos faz questionar nossa própria identidade. Se não sou uma mãe, então quem eu sou? Se não sou um pai, então quem eu sou?

À medida que o casal se move pela dolorosa experiência de ser incapaz de engravidar, pode ser útil identificar as fontes do seu sofrimento.[1] A infertilidade tira de nós uma série de coisas que outros casais tomam por certo: o senso de controle sobre nosso próprio corpo; a habilidade de planejar o futuro; a capacidade de conceber uma criança com quem amamos; da mulher, a experiência física, emocional e social de uma gravidez saudável, do parto e da habilidade de amamentar o seu bebê;[2] do homem, a experiência de ser pai de uma criança com sua esposa e participar da gravidez e do parto; a continuidade da hereditariedade;

---

[1] Cf. Patricia Irwin Johnston, *Adoptiong after Infertility*. Indianapolis: Perpectives Press, 1992.

[2] Muitas mulheres que adotam são capazes de amamentar seus filhos, mas isso pode ser difícil. Para mais informações sobre esse assunto, ver: Elizabeth Hormann. *Breastfeeding an Adopted Baby and Relactation*. New York: La Leche League International, 2007.
Alguns sites brasileiros trazem informações acerca da lactação adotiva, como: <https://estilo.uol.com.br/gravidez-e-filhos/noticias/redacao/2015/12/13/maes-adotivas-tambem-podem-amamentar-conheca-tecnica.htm>; <http://aleitamento.com/>; <http://bebe.abril.com.br/gravidez/maes-adotivas-podem-amamentar/>; <http://delas.ig.com.br/saudedamulher/mae-adotiva-tambem-pode-dar-o-peito/n1237670374086.html>. (N.E.)

a oportunidade de olhar no rostinho de sua criança e ver o quanto se parecem; as armadilhas culturais de entrar na paternidade do jeito que a maioria dos outros casais fazem.

Homens e mulheres experimentam essas dificuldades emocionais diferentemente. Alguns homens ou mulheres sentem como se de algum modo eles fossem defeituosos em sua masculinidade e feminilidade. Podem sentir-se menos homem ou menos mulher porque não conseguem conceber. Eles podem se perguntar "o que há de errado comigo?", e começarem a achar que são as únicas pessoas que conhecem que enfrentam a infertilidade. Esse pode ser um tema tão difícil, que talvez eles não saibam de amigos passando por dificuldades similares.

Um marido pode silenciosamente temer mais que sua esposa o fim da linhagem sanguínea de sua família, enquanto uma esposa pode ansiar pela experiência da gestação mais que seu marido. Nenhum dos dois está certo ou errado em suas reações emocionais, que são simplesmente diferentes. A infertilidade também suscita sentimentos inesperados, como inveja e vergonha, que podem trazer com eles culpa e raiva. Todos esses sentimentos, e outros mais, são normais. Os esposos devem contemplar seus sentimentos individualmente e discuti-los juntos. Identificar quais aspectos de sua experiência causam mais dor abrirá os canais de comunicação. Embora seja difícil falar sobre esses sentimentos dolorosos e admitir que vocês possam estar tendo problemas para engravidar, quanto antes o fizerem, maior capacidade terão de apoiar um ao outro e buscar a ajuda.

Questões para reflexão e discussão

- Como era a sua família enquanto você crescia? Como isso moldou seus próprios desejos de uma futura família?
- Você sempre quis ser mãe ou pai? Esse desejo foi gradualmente sendo construído durante a sua adolescência e juventude, ou chegou mais tarde e com determinação? Descreva esse desejo.
- Que futuro você espera? Descreva em detalhes. Quantas crianças você almeja ter? Meninas? Meninos? Você já imaginou como eles seriam? Já escolheu os nomes? Que tipo de coisas você sonha que fariam juntos?
- De todas as dificuldades emocionais associadas com a infertilidade listadas anteriormente, qual ressoou mais em você? Por quê? Há outros aspectos dolorosos de sua experiência que você pode descrever?
- O que você gostaria de compartilhar com seu/sua esposo/a a partir de sua reflexão?

Para amigos e familiares

Como é possível apoiar um ente querido que acaba de dividir com você que ele ou ela talvez seja infértil? Primeiramente, por favor, reze pelo casal. Isso pode ajudá-los, mas também ajudará você a crescer em sua própria consciência e sensibilidade acerca da experiência deles. Tente não questioná-los sobre a questão da infertilidade toda vez que falar com eles. Espere que introduzam o assunto e então seja um ouvinte sensível. Deixe que saibam que você está pensando e rezando por eles, mas que também respeita o espaço deles. E então espere que toquem no assunto novamente.

Oração[3]

Do abismo profundo clamo a ti, Senhor:
Senhor, escuta minha voz.
Espero no Senhor,
minha alma espera na sua palavra.

(Salmo 129[130],1-2.5)

---

[3] O Salmo ao final de cada capítulo foi selecionado do Ofício Divino da Oração Noturna, a oração litúrgica diária da Igreja pelo mundo. Durante nossa luta contra a infertilidade, meu marido e eu achamos essas orações extremamente úteis à noite, já que geralmente era difícil encontrarmos próprias palavras para orar. Os Salmos são orações poéticas que falam a Deus a partir das profundezas do espírito humano. Os Salmos escolhidos para a Oração Noturna são particularmente apropriados para casais que estejam lidando com a infertilidade e de valor emocional e espiritual sem igual. Eles estão disponíveis em um formato fácil de usar nas Completas (Oração Noturna) da *Liturgia das horas*.

CAPÍTULO 2

Trabalhando a negação

> O que eu mais temia, aconteceu comigo;
> o que eu receava, me atingiu.
> Não dissimulo, não me calo, não me aquieto:
> a ira de Deus veio sobre mim!
> (Jó 3,25-26)

Nós já tínhamos dois filhos, quando meu marido foi diagnosticado com câncer de testículo e teve de remover um deles. Concentrados na sua saúde, nem pensamos em como o tratamento e a recuperação poderiam afetar nossa fertilidade. Um ano após ficar livre do câncer, um exame indicou que a contagem de espermatozoides estava baixa, e seguia diminuindo a cada exame. Meu ginecologista recomendou que nós procurássemos a ajuda de um especialista. Minha primeira visita a um especialista em fertilidade foi arrasadora, mas senti que nossa situação não era assim tão grave porque "era apenas meu marido". Com um pouquinho de ajuda, nós conceberíamos rapidinho, certo? Bem, eu estava muito, muito enganada.

Depois de muitos outros exames, nós nos reunimos com o médico para discutir os resultados. Jamais esquecerei o tamanho da sua mesa e a vista de sua janela enquanto cada parte daquelas terríveis novidades que mudariam nossas vidas saíam de sua boca. Meus olhos se encheram de lágrimas. Não era só meu marido, era eu! Depois de anos sendo mãe, meus ovários e meu corpo não estavam mais funcionando direito. O médico disse que nossas chances de conceber naturalmente eram extremamente baixas e que a FIV era nossa única opção. Também disse que meu marido e eu deveríamos estar felizes pelas crianças que tínhamos – como se não fôssemos gratos por elas, já que queríamos outro filho. Então, ele fechou a pasta do meu prontuário e senti como se ele tivesse carimbado "caso encerrado" nela e enviado embora toda a minha esperança. Senti-me despedaçada e em meio ao caos.

Tirei um tempo, depois daquela consulta, para refletir. Encontrei um novo médico, fiz novos exames *e* uma cirurgia para remover endometriose e garantir que minhas tubas estavam abertas e funcionando. Ficamos com aquele médico por cerca de um ano e, então, mudamos para o atual. Esse processo levou meu corpo, coração, família e fé a limites que jamais poderia imaginar. Sou abençoada de ter um forte grupo de apoio ao meu redor, mas ainda assim é um processo bastante solitário. Eu luto a cada dia com a questão do porquê Deus permitiu que isso acontecesse comigo, pois não é justo. Estou chegando a uma encruzilhada em minha jornada por que sinto que forcei muito meu corpo, e quanto mais velha fico, mais difícil é passar por cada novo ciclo enquanto ainda sinto tanta dor no

> coração pelo anterior. Isso não quer dizer que seja o fim ou que eu queira desistir. Sinto como se não soubesse de outro jeito que não seja esperar e rezar para que Deus nos abençoe com outro bebê. Não sei quão longe eu deva me forçar para que isso aconteça, mas sei que ainda não desisti.
>
> – S. H.

Que deserto?

Devido ao fato de a infertilidade envolver um ciclo mensal de frágil esperança e perda devastadora, os esposos geralmente não atravessam suas diversas emoções em uma progressão clara e ordenada, nem suas jornadas sempre coincidem. Frequentemente os esposos se encontram indo e vindo por entre seus sentimentos. No entanto, conhecer as placas de sinalização no deserto – como as marcações de quilometragem – pode ser útil. Negação e medo foram as primeiras que encontrei.

Quando os casais começam a tentar engravidar, a mera hipótese de uma possível infertilidade pode suscitar uma chocante descrença. Se fôssemos contemplar a infertilidade mesmo que por um instante, começaríamos a imaginar nosso futuro planejado cair aos pedaços. Não podemos permitir que esse pensamento entre em nossas mentes, pois as consequências da infertilidade nos apavoram. O medo da infertilidade costuma levar à negação.

Nossa negação nos garante que nada de ruim realmente aconteceu. É verdade, nada de ruim aconteceu – ainda. O problema com a infertilidade é que nada de bom aconteceu também e nós não sabemos se algo de bom irá acontecer um dia. A negação nos protege do medo de perder o futuro pelo qual esperamos. A negação coloca um espaço de tempo entre nós e a potencial perda que tememos – um útero vazio – que se vai configurando. A negação praticamente nos prepara para lidar com essa realidade nos isolando de sua imensidade, mesmo que por um curto período de tempo.

Para algumas de nós que estão enfrentando a infertilidade, pode ser fácil manter a esperança no começo, já que os médicos estão sempre tentando encorajar-nos, e estão certos em fazê-lo. Devido ao fato de podermos sempre contar com o mês seguinte, esse período de esperança pode sustentar um casal por bastante tempo. Muitas pessoas até sentem vergonha do termo "infertilidade", preferindo usar a palavra "fertilidade" para descrever o processo que estão passando. Eles podem dizer, por exemplo: "Estamos passando pela fertilidade no momento". Essa mudança semântica ajuda a afastar-se do limiar de sua dor e coloca a situação sob um ponto de vista mais otimista. Ela adia a necessidade de usar a temida palavrinha com "in". Entretanto, as únicas pessoas que estão verdadeiramente passando pela "fertilidade" – para ser brutalmente honesta e fidedigna com o real significado da palavra – são as pessoas grávidas. O resto de nós está passando pela *in*fertilidade.

Casais que tentaram engravidar por doze meses consecutivos sem sucesso preenchem os requisitos clínicos genericamente aceitos para a categoria: eles são tecnicamente inférteis. Isso não significa que eles não possam conceber no décimo terceiro mês e certamente não significa que jamais conceberão. É apenas um termo médico para descrever a situação atual. No entanto, a maioria das pessoas escuta a palavra infértil e imediatamente assume que isso significa que o casal nunca será capaz de engravidar. Afinal, não é o que o prefixo "in-" representa? Então, infértil quer dizer não fértil. Como isso é o que a maioria das pessoas assume, não é de se surpreender que nós evitemos usar a palavra o máximo possível.

A palavra infértil, contudo, apenas significa que o casal não engravidou após certo período de tempo e que provavelmente alguma coisa está clinicamente errada com um ou ambos os sistemas reprodutivos dos esposos. Como resposta à hesitação de alguns casais em usar essa palavra, parte da comunidade médica lançou recentemente um termo menos assustador, que pode mesmo ser mais útil para muitas pessoas: subfértil. Não soa melhor? Subfértil tem uma conotação muito diferente, algo como "menos fértil", não tão fértil quanto deveria ser, ou desafiador no campo da fertilidade.

Esse pode ser um bom caminho para pensar em um diagnóstico de infertilidade, porque o nível de fertilidade combinada dos casais opera num *continuum*. Essa é uma informação útil para um casal ter quando for passar pelos exames. Um casal com endometriose branda está em uma posição muito diferente de outro lidando com condições como baixa contagem de espermatozoides, morfologia ruim, anomalias ovulatórias ou fase lútea abreviada. Mesmo assim, o segundo casal pode conseguir respostas antes do primeiro, já que endometriose branda só pode ser confirmada por um procedimento invasivo que os médicos normalmente deixam para o final do processo de diagnóstico. A perspectiva para o segundo casal pode ser mais assustadora, mas ele talvez não tenha que esperar tanto pelo diagnóstico. O processo se desenrola diferentemente para cada casal.

Ao longo de todos esses exames e incertezas, é crucial para o casal se agarrar à esperança. É muito cedo para desistir nesse momento. Entretanto, a linha entre a esperança e a negação pode se tornar embaçada. Uma coisa é acreditar em conseguir engravidar a despeito de alguns possíveis obstáculos. Essa esperança deve sempre permanecer viva. Outra completamente diferente é negar que qualquer dificuldade tenha surgido. Os casais podem cautelosamente atravessar a negação, enfrentar seus medos sobre a infertilidade e ainda preservar a esperança de uma gravidez bem-sucedida.

Embora a negação tenha seus propósitos, se os casais ficarem presos nela podem causar um curto-circuito em sua jornada emocional e serem levados a meses seguidos de tentativas falhas, quando a assistência médica apropriada poderia tê-los ajudado. Lutar para conceber uma criança deixa pouca energia emocional preciosa para qualquer outra coisa. Ainda assim, em meio a ter que carregar o peso dessa reviravolta emocional, o casal que encontra desapontamento ciclo após ciclo pode também ter de encarar um batalhão de complicadas e confusas decisões médicas. A enorme quantidade de estatísticas, fatos, opiniões, orientações e recomendações para o diagnóstico e o tratamento da infertilidade é atordoante. Os capítulos 3 e 4 irão examinar e avaliar os prós e contras de vários tratamentos médicos de infertilidade e jogar uma luz em algumas empolgantes e altamente bem-sucedidas tecnologias que podem ser novidade para você.

Casais católicos lidando com a infertilidade agora têm muitos recursos maravilhosos disponíveis (ver Apêndice D). Como os próximos dois capítulos explicarão, mais e mais médicos que compartilham a fé católica estão sendo treinados em uma bem-sucedida abordagem chamada Tecnologia de Procriação Natural (*NaProTechnology*). A negação persistente pode levar os esposos a ignorar tais opções e também se isolarem um do outro, de sua família e dos amigos, que podem oferecer apoio e compreensão. Em acréscimo, especialmente para os católicos, resistir ao diagnóstico pode nos impedir de derramar a nossa mágoa nas mãos de Deus e procurar consolo na nossa fé e na Igreja.

Algumas paróquias e dioceses estão começando a oferecer grupos de apoio e ministérios desenvolvidos para ajudar os casais a lidar com esse pesado fardo. Se você não conseguir localizar algum em sua região, entre em contato com a pastoral familiar da sua diocese ou consulte seu pároco ou a secretaria paroquial. Caso sua paróquia ou diocese não ofereça programa algum, eles podem indicar uma paróquia ou diocese vizinha que o faça. Talvez você possa iniciar seu próprio grupo de apoio, ou entrar em contato pela internet com outros católicos que escrevam sobre suas experiências de infertilidade. Se você tiver deixado de ir à missa por um tempo (mesmo que seja *há um bom tempo*), agora é um momento oportuno de voltar. Você poderá se surpreender com a calorosa acolhida que receberá. Nossa fé católica nos conduz a uma fonte de água viva para saciar-nos nesse deserto da infertilidade.

Questões para reflexão e discussão

- Você contou a amigos ou familiares que está tentando engravidar e passando por dificuldades? Se sim, eles foram prestativos? Você contou a seu/sua médico/a? Se não, por quê?
- Como você se sente quanto à palavra infertilidade? Por quê?

- Você acha que está experimentando ou experimentou negação em relação a suas tentativas de engravidar? Se sim, por favor, descreva essa experiência. Você acha possível admitir que existe um problema, mas que ainda haja esperança de uma solução?
- A oração pode conduzir você através de altos e baixos emocionais. Deus não espera orações pomposas – apenas honestas. Você divide suas esperanças e temores com ele? Se não, por quê? Acha que poderia querer mudar isto?
- Você acha que ajudaria rezar com seu/sua esposo/a? O Apêndice A oferece alguns exemplos de orações de que vocês podem gostar.
- O que você gostaria de dividir com seu/sua esposo/a a respeito de sua reflexão?

Para amigos e familiares

À medida que o casal luta para engravidar, a compreensão de sua situação e de seus sentimentos a esse respeito evolui e muda com o tempo. Por isso, algumas vezes ele pode querer conversar e, em outras, não. Tente colocar as necessidades e desejos do casal em primeiro lugar, sendo um bom ouvinte quando ele quiser falar sobre o assunto, e respeite-o caso deseje abster-se. Observe-o. Se ele não usar a palavra infertilidade, então também não use. Se não pedir conselho, não dê. Tente não deixar que seus sentimentos sobre o sofrimento do casal guie sua interação com ele.

Oração

Quando te invoco, responde-me, ó meu Deus justiceiro;
na angústia liberta-me;
tem piedade de mim e ouve minha oração.

Sabei que o Senhor fez maravilhas em favor de seu amigo;
o Senhor escuta quando lhe dirijo meu apelo...
tende confiança no Senhor.

(Salmo 4,2.4.6b)

CAPÍTULO 3

Entendendo suas opções

"Sei muito bem do projeto que tenho em relação a vós – oráculo do SENHOR! É um projeto de felicidade, não de sofrimento: dar-vos um futuro, uma esperança!"

(Jeremias 29,11)

No começo do nosso casamento meu marido trabalhava em turnos alternados, então era difícil começar uma família. Cerca de três anos mais tarde, marcamos uma consulta com um especialista em fertilidade e fomos diagnosticados com "infertilidade sem causa aparente". Eu não entendia por que nós não conseguíamos conceber, se não havia nada de errado conosco. Nosso plano de saúde não cobria muitos dos tratamentos mais caros e disseram-nos que a inseminação artificial era nossa única opção.[1] Nós fizemos três tentativas. Lembro-me da primeira vez em que me deitei na maca, pensando em como aquela experiência toda era tão fria. Eu me

---

[1] Os capítulos 3 e 4 contêm uma minuciosa discussão sobre os princípios morais envolvidos na tomada de decisões sobre os tratamentos médicos da infertilidade, incluindo inseminação artificial, também chamada inseminação intrauterina.

sentia um número para a equipe médica. O médico nem olhou nos meus olhos, apenas inseriu o tubo e pronto. Não é assim que uma criança deveria ser concebida. Como eu explicaria aquilo para meu filho? Mas eu não engravidei.

Por dentro eu estava emocionalmente arrasada. Era uma coisa com a qual nunca imaginei que teria de lidar. Durante esse tempo, minha melhor amiga e minha cunhada ficaram grávidas. Minha amiga já tinha dois filhos e havia declarado falência; minha cunhada teve câncer e deveria ter esperado. Como é que elas podiam engravidar e eu não? Eu não sou do tipo invejosa, mas foi difícil ficar feliz por outras pessoas, quando eu me sentia despedaçada por dentro. No entanto, eu tentava parecer forte por fora.

Estava começando a aceitar que ter um bebê levaria tempo ou jamais aconteceria, mas meu marido estava determinado a descobrir qual era o problema. Fomos a outro médico, que finalmente realizou uma laparoscopia e corrigiu umas aderências que eu nem sabia que tinha. O médico disse que, se nós tentássemos "relaxar" – mais fácil falar do que de fazer – e eu ganhasse algum peso, poderíamos aumentar nossas chances. Havíamos feito três tentativas de inseminação artificial com o outro médico sem sucesso. Ele sugeriu que déssemos um tempo.

Finalmente, um dia meu marido e eu estávamos dando uma volta e ele disse: "É isso. Chega de médicos. Eu não aguento mais". Dois meses depois, nós engravidamos por conta própria. Ficamos chocados. Eu ainda não consigo acreditar que temos nossa filha. A gravidez toda e o parto correram sem

> complicações. Eu realmente acredito que Deus tem um plano e que tudo acontece no tempo dele. Temos que ser pacientes. Não importa o quão difícil seja esperar, o plano de Deus irá funcionar.
>
> – L. W.

Se você suspeita que pode estar tendo problemas para engravidar, talvez deva considerar consultar um médico. Alguma coisa pode estar fisicamente errada e demandar cuidados médicos. Muitos deles ficarão felizes em atender um casal antes que se passem doze meses, especialmente se houver um histórico familiar de infertilidade, se a mulher tiver mais de trinta e cinco anos ou se o casal estiver intencionalmente tendo relações durante o período fértil[2] por seis meses sem conseguir conceber.

Ao decidir consultar ou não um médico, primeiro considere que alguns dos métodos usados para diagnosticar e tratar a infertilidade levantam sérias preocupações morais, clínicas e financeiras. Muitos dos tratamentos de ponta e supercaros que foram desenvolvidos para casais que enfrentam a infertilidade, como a injeção intracitoplasmática de

---

[2] Se você não sabe como identificar o período fértil no seu ciclo, o Planejamento Familiar Natural (Método Billings) ajudará tremendamente. Ele é um método natural de identificação, durante o ciclo da mulher, do tempo em que ela está fértil para que o casal possa escolher adiar ou alcançar a gravidez. É uma alternativa moralmente aceitável e altamente efetiva à contracepção, bem como ajuda inúmeras pessoas a conceber. Também fornece valiosas informações sobre o que acontece com seu corpo e o que pode estar errado, o que um *kit* de previsão de ovulação de farmácia não pode dar.

espermatozoides (intracytoplasmic sperm injection – ICSI, na sigla em inglês) e a fertilização *in vitro* (FIV), são moralmente problemáticos por várias razões (estas e outras opções serão explicadas e discutidas no próximo capítulo).

Além disso, ao invés de tentar curar as causas subjacentes da infertilidade, esses tratamentos – coletivamente referidos como tecnologias de reprodução assistida (assisted reproductive technology – ART, na sigla em inglês) – tangenciam ou se sobrepõem aos processos naturais que comandam o sistema reprodutor da mulher para trazer uma gravidez de outra maneira. Assim como o endocrinologista reprodutivo que eu e meu marido visitamos – tido como um dos melhores –, a maioria dos especialistas acredita que a infertilidade seja uma doença em si e que a gravidez (ainda que a qualquer custo) seja a cura. Mas infertilidade *não é uma doença*. Na verdade, infertilidade é um *sintoma* de diversos males subjacentes ou condições que causam o mau funcionamento do sistema reprodutor.[3] Mas, muito frequentemente, muitas pessoas recebem um diagnóstico que não é um diagnóstico: "infertilidade sem causa aparente". Outros, com frequência, recebem um diagnóstico incompleto ou inespecífico. Se você está tendo dificuldades para engravidar, merece um diagnóstico consistente de um médico que irá trabalhar para prover a cura.

Sem um diagnóstico acertado e completo, um especialista em fertilidade não pode sequer começar a tratar e

---

[3] R. P. Dickey; S. N. Taylor; P. H. Rye et al. Infertility Is a Symptom Not a Disease. *Fertility and Sterility* 74, n. 2 (2000): 398.

finalmente curar as suas causas subjacentes. Mas, ao invés de curar o sistema reprodutor da mulher, os tratamentos de infertilidade geralmente o substituem ou o desligam e reiniciam usando uma mistura de drogas tremendamente poderosas, cujos efeitos colaterais de longo prazo ainda não foram adequadamente estudados.[4] Por exemplo, na FIV uma vez que o sistema reprodutor da mulher tenha sido suprimido e reiniciado, seus ovários são forçados a produzir uma quantidade antinatural de óvulos, que são então coletados, fertilizados em laboratório e transferidos para o seu útero na esperança de que se implantem (nidação). A quantidade de drogas envolvidas nesse processo é impressionante. O que não é avisado é do risco da Síndrome da Hiperestimulação Ovariana – SHO (Ovarian Hyperstimulation Syndrome – OHSS, na sigla em inglês), que na sua forma severa pode levar a complicações que põem a vida em risco. A SHO afeta cerca de 10% das mulheres que se submetem à FIV.[5] Esse é só um exemplo dos possíveis perigos médicos, dos quais você deve estar ciente, ligados às tecnologias de reprodução assistida, como a FIV. Também são mais altas as taxas de gravidezes

---

[4] L. Lerner-Geva; J. Rabinovici; B. Lunenfeld. Ovarian stimulation: Is there a long-term risk for ovarian, breast, and endometrial cancer? *Women's Health* 6, n. 6 (nov. 2010): 831-9.
J. Schneider. Fatal colon cancer in a young egg donor: a physician mother's call for follow-up and research on the long-term risks of ovarian stimulation. *Fertil Steril* 90, n. 5 (nov. 2008): 2016. e1-5. Epub (mar. 2008).
L. Brinton. Long-term effects of ovulation-stimulation drugs on cancer risk. *Reprod Biomed Online*, 15, n. 1 (jul. 2007): 38-44.

[5] Ovarian Hyperstimulation Sindrome. *A.D.A.M. Medical Encyclopedia*. Revisada por L. J. Vorvick, S. Storck e D. Zieve em 27 de julho de 2009.

múltiplas e de riscos associadas a elas. Outros riscos ligados à FIV podem incluir taxas mais elevadas de gravidez ectópica, aborto espontâneo, defeitos congênitos, parto prematuro, recém-nascido de baixo peso, mortalidade infantil, deficiência em longo prazo e um risco aumentado de câncer infantil.[6] Você também deve saber que os riscos de longo termo à saúde das mulheres que se submetem a esses tratamentos não foram adequadamente estudados.

A maioria dos especialistas em fertilidade usam essas drogas poderosas e medidas extraordinárias porque querem ajudar suas pacientes a engravidar. Como suas pacientes, eles querem que isso aconteça da maneira mais rápida e garantida. Eles estão fazendo apenas aquilo para o qual foram treinados. E quanto maior a porcentagem de ciclos bem-sucedidos, maior o volume de pacientes; quanto maior o volume de pacientes, maior a sua margem de lucro. Não quero insinuar que especialistas em fertilidade são motivados apenas pelo ganho final. Entretanto, essa é uma indústria altamente lucrativa. O custo médio de um ciclo de FIV nos Estados Unidos é de US$ 12 mil[7] [R$ 10 a 15 mil no Brasil] e a maioria dos casais passa por mais de um ciclo antes de conceber. A receita anual no negócio das tecnologias de reprodução assistida é estimada em 1

---

[6] Marie Anderson, MD, FACOG; John Bruchalski, MD. Assisted Reproductive Technologies Are Anti-Woman. *Respect Life Program*, Conferência dos Bispos Católicos dos Estados Unidos (2004).

[7] Stephanie Saul. Birth of Octuplets Puts Focus on Fertility Clinics. *New York Times* (11 fev. 2009).

bilhão de dólares.[8] Uma preocupação maior é que essa indústria não tem grande regulação governamental. Como um escritor disse: "[nos Estados Unidos] uma mulher tem mais supervisão regulatória quando faz uma tatuagem do que quando faz FIV".[9] De fato, o país não tem uma agência regulatória federal para fiscalizar a indústria da tecnologia reprodutiva.[10]

Se você decidir consultar um médico, recomendo que evite aconselhar-se com um que esteja ávido para tentar ARTs (tecnologias de reprodução assistida). Ao invés disso, considere buscar orientação com alguém que primeiro tente diagnosticar e tratar as causas subjacentes da infertilidade e que compartilhe de seus valores católicos. O Apêndice D tem valiosas informações sobre médicos que podem ajudar a usar a *NaProTechnology* – um dos segredos mais bem guardados na Igreja Católica. Sim, médicos associados à Igreja Católica estão na linha de frente do diagnóstico e tratamento da infertilidade. *NaProTechnology* significa Tecnologia de Procriação Natural. Representa um enorme avanço científico em "monitorar e manter a

---

[8] Ibid.
[9] Joanna Perlman. Is This Any Way to Have a Baby? *O, The Oprah Magazine* (1º fev. 2004): 190.
[10] Veja K. Riggan: G12 Country Regulations of Assisted Reproductive Technologies. *Dignitas* 16, n. 4 (Winter 2009): 6-7. No Canadá em 2004 o *Ato de Reprodução Assistida Humana* estabeleceu a legislação de alguns aspectos do uso de ART, definindo alguns princípios para o seu uso e criando um corpo regulador que fiscaliza a aplicação dessas leis.

saúde reprodutiva e ginecológica da mulher".[11] Além de ser útil para tratar outras desordens ginecológicas, a *NaProTechnology* trabalha cooperativamente com o corpo da mulher, usando, entre outras coisas, baixas doses de medicamentos para a fertilidade e cirurgias reparativas altamente avançadas para restaurar e conservar a saúde reprodutiva de uma forma totalmente holística.[12]

Médicos que utilizam esse método apoiarão seus compromissos religiosos e foram especialmente treinados em tratamentos contra a infertilidade altamente eficazes, dos quais o ginecologista ou endocrinologista reprodutivo comuns podem não ter conhecimento. As taxas de sucesso desses métodos atingem e em alguns casos ultrapassam as amplamente aclamadas taxas de sucesso da FIV, sem as dificuldades morais, médicas e financeiras. Em 2009, 47,4% dos ciclos de ART nos Estados Unidos com mulheres abaixo dos 35 anos resultaram em gravidez.[13] Em comparação, dados recentes mostram que médicos treinados na *NaProTechnology* ajudaram cerca de 70% dos casais que lutavam contra a infertilidade a conceber uma criança.[14] Seus métodos revolucionários são mais bem-

---

[11] Instituto Papa Paulo VI para os Estudos da Reprodução Humana: <www.naprotechnology.com>.

[12] Ibid.

[13] Cerca de 99% desses ciclos foram FIVs. Veja o National Summary Assisted Reproductive Technology (ART) Report de 2009, publicado pelo CDC *on-line* em: <http://apps.nccd.cdc.gov/art/Apps/NationalSummaryReport.aspx>.

[14] T. W. Hilgers. *The Medical and Surgical Practice of NaProTechnology*. Omaha: Pope Paul VI Institute Press, 2004. Os resultados variam em função da causa da infertilidade.

-sucedidos e alinhados com a nossa crença católica de que a vida humana é sagrada. O próximo capítulo contém informações mais específicas sobre a *NaProTechnology*.

Nossa fé católica oferece muitos princípios importantes a se considerar, antes de se tomar qualquer decisão sobre médicos e tratamentos. A infertilidade está intimamente ligada à sexualidade. Como católicos, nós acreditamos que a sexualidade não é simplesmente uma questão de biologia. Portanto, tratamentos médicos e de infertilidade têm dimensões morais importantes que ficam de fora do escopo da comunidade médica. A maioria dos médicos não terá um folheto para oferecer-lhes sobre os aspectos espirituais da infertilidade, tampouco lhes prestarão um aconselhamento moral considerável. Ainda assim, vocês precisam se tornar tão aptos na compreensão dessas questões morais e espirituais quanto o são na compreensão das informações médicas.

O que é essa informação vital? Onde ela pode ser encontrada? De maneira a entender completamente como encontrar a via mais apropriada para a cura da infertilidade, devemos primeiro nos aprofundar na doutrina católica sobre a sexualidade. Como muitas das recomendações médicas neste livro são contrárias ao que você possa ter ouvido de outras pessoas, precisamos começar colocando-as no contexto das mais altas aspirações da nossa fé católica para o dom da nossa sexualidade. Para isso, devemos nos voltar não para médicos e especialistas, mas para o Médico Divino – o próprio Deus.

O sexo no plano de Deus

Quando Deus criou Adão e Eva, ele os criou um para o outro. Homens e mulheres são feitos para física e espiritualmente se complementarem. Quando Adão viu Eva pela primeira vez, ele exclamou de profunda felicidade: "Desta vez sim, é osso dos meus ossos e carne da minha carne!". E o autor do Gênesis continua: "Por isso deixará o homem o pai e a mãe e se unirá à sua mulher, e eles serão uma só carne" (Gn 2,23-24). Embora Adão desfrutasse da íntima companhia de Deus, seu Criador, ele ainda ansiava e não ficara satisfeito até que pôde se unir física e espiritualmente a alguém como ele – uma mulher. Assim, Deus estabeleceu o casamento como uma comunhão de vida e amor pelo qual o homem e a mulher compartilham um com o outro o sincero dom de si mesmos.

Unidos em matrimônio, mais especialmente no ato de amor onde os dois tornam-se uma só carne, homens e mulheres refletem a própria imagem de Deus e seu amor pela humanidade. Sim, você leu corretamente. Nossa fé católica nos ensina que *o sexo é bom* – de fato, *o sexo é sagrado* – e que ele permite a homens e mulheres chegarem a uma união que os chama à união de amor do Pai, Filho e Espírito Santo na Santíssima Trindade. Deus criou nossos corpos com uma finalidade esponsal, para se darem um ao outro em total liberdade e doação. Ao mesmo tempo que isso tem muito a ver com a união sexual, envolve uma completa comunhão de vida e amor, a ponto de os casais passarem a viver cada dia de sua vida de casados juntos.

Um marido faz de si uma dádiva para sua esposa dia após dia, como a esposa também o faz para seu marido. Cristo elevou o pacto do casamento ao nível de um sacramento, pelo qual o dom da entrega dos esposos conduz cada pessoa em um relacionamento aprofundado com Deus. Desse modo, o sacramento do matrimônio se torna um veículo para Deus plantar seu amor ainda mais profundamente em nossa alma e nos santificar.

Deus nos concedeu o dom da sexualidade para nos atrair para junto dele através um do outro. O ato de dar e receber amor durante o ato sexual reflete aquele ato de doação completa de Deus por nós, suas criaturas, na pessoa de Jesus Cristo. "O matrimônio tem Deus como seu autor e foi desde o princípio um tipo de antecipação da encarnação de seu Filho."[15] Esse sincero dom da entrega pessoal embutido na intimidade sexual do amor matrimonial reflete a união de Cristo com a Igreja por ele ter concedido o supremo dom de si mesmo ao morrer na cruz. Sua morte, a entrega de sua própria vida para a humanidade, é o ato que nos trouxe a salvação e nos uniu a ele. Pela união de Cristo com a Igreja ser refletida no sacramento do matrimônio,[16] os católicos costumam se referir a Cristo como o *Esposo*, à Igreja como a *Esposa de Cristo* e à missa como a *celebração matrimonial do Cordeiro*.

Sexo, então, é de fundamental importância de acordo com a nossa fé católica. É uma antecipação da íntima

---

[15] Leão XIII, Carta encíclica *Arcanum Divinae Sapientiae* sobre a família, n. 19.
[16] Veja Efésios 5,22-33.

união de um com o outro e com Deus, da qual iremos desfrutar no paraíso. O ato sexual torna visível o mistério invisível do amor de Deus, quando vivido da maneira pretendida por Deus. De fato, o sexo é o ato através do qual o sacramento do matrimônio é renovado e fortalecido. Consumando o casamento sexualmente como marido e esposa, nós renovamos com nossos corpos as promessas feitas no dia do nosso casamento. Com nossos corpos, dizemos um ao outro: "Eu vim aqui de livre vontade para me entregar a você. Eu aceitarei de bom grado os filhos que Deus nos der. Prometo ser fiel a você nos bons e nos maus momentos, na saúde e na doença. Eu amarei e honrarei você todos os dias da minha vida".

Sempre que nos juntamos a nosso esposo no amoroso enlace do ato sexual, fazemos uma sincera entrega pessoal a ele e nos comprometemos com os votos matrimoniais outra vez. Cada vez que nos entregamos fisicamente a nosso esposo, estamos livres e permanentemente nos prometendo um ao outro em uma comunhão íntima de vida e amor que está aberta à possibilidade de novas vidas. Tais promessas não são invenção da Igreja. Elas estão inscritas no próprio ato sexual, criado e elaborado por Deus precisamente desse jeito. "Deus, que é amor e vida, inscreveu no homem e na mulher a vocação a uma participação especial no seu mistério de comunhão pessoal e na sua obra de Criador e Pai."[17]

---

[17] Sagrada Congregação para a Doutrina da Fé. Instrução sobre o respeito à vida humana nascente e a dignidade da procriação, *Donum Vitae*, Introdução, 3.

Nossa fé meramente articula essa verdade para nós, mas é uma invenção espetacular do próprio Deus.

Nossa sexualidade é um dom de Deus. Deve ser desfrutada por marido e mulher para renovar o amor de um pelo outro e colaborar com Deus na criação de novas vidas a partir desse amor. Nossos corpos e almas estão intimamente conectados, tanto que o que fazemos com um afeta o outro. Por isso nossa vida sexual e nossa vivência de fé estão tão intimamente ligadas. Por isso devemos compreender completamente os ensinamentos da nossa fé sobre o matrimônio e a sexualidade antes de tomar qualquer decisão médica para resolver qualquer uma possível infertilidade.

Infelizmente, à maioria dos católicos adultos nada disso jamais foi ensinado – o que Christopher West chama de *Boas-novas sobre o sexo e o matrimônio* em seu livro de mesmo título.[18] Essa é uma informação completamente nova para a maioria dos católicos, mas que é vital para o processo de tomada de decisão relacionado à infertilidade. Em resumo, nossa fé católica ensina que o sexo foi elaborado por Deus para dois propósitos principais que jamais devem ser separados: para juntar marido e mulher em uma união íntima de pessoas que selam e fortalecem seu amor mútuo (o propósito unitivo) e para cooperar com Deus na

---

[18] C. West. *Good News about Sex and Marriage*. Recomendo vivamente este livro para os católicos que não estão familiarizados com os ensinamentos da nossa fé sobre o matrimônio e a sexualidade. Para maiores informações, veja o Apêndice D.

geração de novas vidas através da procriação de filhos (o propósito procriativo).

Estes dois frutos do casamento, o unitivo e o procriativo, foram inscritos na nossa sexualidade pelo próprio Deus desde o começo da existência humana. Por sua própria natureza, o sexo comunica a permanente união da vida e do amor através da linguagem dos corpos. É um reflexo exterior dessa realidade interior. Para ser realizado da maneira que Deus pretendeu, cada ato sexual deve ser aberto a ambos, o amor unitivo e a procriação. É simplesmente o jeito que Deus nos fez. Quando os cônjuges intencionalmente separam esses dois elementos, eles estão dizendo algo com seus corpos que não é verdadeiro em seus corações.

Essas crenças profundas sobre o matrimônio e a sexualidade não são muito populares na sociedade hodierna. Muitas pessoas pensam no sexo como uma atividade recreativa de satisfação física, completamente separada do casamento e de ter filhos. Elas consideram o sexo como um assunto privado, governado subjetivamente por opiniões pessoais e sentimentos. Num esforço desorientado de "liberar" o sexo das amarras da virtude cristã e de alguma forma elevar seu valor fazendo-o socialmente aceitável para qualquer um – adulto, casado ou não etc. –, nossa sociedade na verdade reduziu o valor do sexo e o desumanizou por divorciá-lo da profunda significância pretendida por Deus. Isso causou estragos às mulheres, ao casamento, à instituição da família e ao valor que nossa sociedade dá à vida humana.[19]

Infelizmente, esses costumes sociais distorcidos conduziram a uma situação em que às mulheres que desejam ficar grávidas aconselha-se que elas têm "o direito" de engravidar e devem fazê-lo a qualquer custo, e àquelas que estão grávidas mas não queriam, que elas têm "o direito" de abortar seus nascituros. Não é dolorosamente irônico? Aparentemente a vida humana só tem valor quando queremos que tenha. Quem ousa divergir das opiniões sociais prevalentes sobre o sexo está em minoria. Por isso, compreender e seguir os ensinamentos da Igreja sobre o tratamento da infertilidade pode ser muito difícil e impopular. Pode também nos fazer sentir muito isolados.

Sexo no deserto

Casais lutando para conceber e manter uma gravidez saudável adorariam cooperar com os planos de Deus para a sexualidade e para a procriação de nova vida. Mas porque fazer amor com nosso esposo não resultou em gravidez, nosso amor sexual foi incapaz de cumprir com esse propósito para o qual Deus o designou. Quando experimentamos a infertilidade, nosso ato sexual pode se tornar fragmentado, às vezes unicamente dirigido à procriação sem a intenção de selar e fortalecer o laço de amor com

---

[19] Para aprofundar esse tópico veja: Erika Bachiochi (ed.). *Women, Sex, and the Church: A Case for Catholic Teaching*. Boston: Pauline Books & Media, 2010.

nosso esposo. O sexo pode se tornar fisicamente mecânico e emocionalmente doloroso, carregado de medo e tristeza. Ansiamos pelo ato sexual por causa da possibilidade de fecundação, embora temamos o ato sexual por causa da possibilidade de mais um ciclo falho.

Uma amiga minha lembra sua experiência de infertilidade com amargura e recorda que ela frequentemente imaginava seu marido usando óculos de proteção e segurando provetas. Ela sentia como se o momento mais íntimo com seu marido houvesse se tornado um experimento científico.

Embora cômica, essa imagem soa verdadeira para muitos de nós que estão enfrentando a infertilidade. Em nossa esperança para conceber e manter uma gravidez saudável, jamais devemos perder de vista o amor por nossos cônjuges, nem os tornar um doador de esperma ou óvulos em nosso coração. Mas é muito difícil manter essa perspectiva quando tudo o que queremos é ter um bebê.

Esse foco exclusivo na procriação em detrimento do amor mútuo é uma das atitudes que pode fazer com que o ato sexual se torne errado e fuja ao plano de Deus quando estamos enfrentando a infertilidade. Uma outra questão é quando tentamos procriar filhos fora do contexto da nossa intimidade sexual. Em nosso esforço de procurar tratamento para a infertilidade, muitos médicos nos conduzem a desviar do sexo por completo e a procriar um filho de outra maneira, ao invés de levar o tempo necessário para diagnosticar e efetivamente tratar e curar as causas físicas da nossa infertilidade.

Como católicos, precisamos ter em mente que não devemos separar a procriação do ato sexual. Se quisermos seguir a vontade de Deus, temos que fazer as coisas do seu jeito. E isso significa manter a procriação e o ato sexual juntos. Acreditamos firmemente na dignidade da pessoa humana criada à imagem e semelhança de Deus e na beleza e santidade do ato sexual. Como futuros pais, nossa fé exige que protejamos a dignidade de nossos futuros filhos, preservando seu direito de serem concebidos e nascerem através de nosso amor mútuo e ofertado quando nos unimos no ato sexual. A imensurável dignidade da pessoa humana significa que cada criança tem o direito de vir a existir no sacratíssimo contexto do amor conjugal. Manipular espermatozoides e óvulos em um laboratório para conceber uma criança fora do ato sexual entre marido e mulher é tratar essa criança como um produto a ser obtido mais que uma pessoa com dignidade dada por Deus, criada à sua imagem e semelhança. O incrível sofrimento da infertilidade não nos põe numa posição de alterar o projeto de Deus. Nossos futuros filhos têm o direito de serem concebidos no contexto do nosso amor manifestado através do ato sexual, e não devemos roubar esse direito deles. Embora possamos desejar filhos de todo o coração, e apesar de esse desejo ser bom e ter sido posto em nosso coração por Deus, ninguém tem *direito* a filhos. Filhos são presentes a serem recebidos, não direitos a serem exigidos.

Assim como não podemos exigir presentes, porque por sua própria natureza eles devem ser dados livremente, também não podemos exigir filhos. Por mais difícil que seja, não podemos colocar nosso desejo inextinguível por filhos acima da vontade de Deus.

Inevitavelmente, isso significa que muitas formas de tratamento de fertilidade e tecnologias de reprodução assistida (ART) estão moralmente fora dos limites. Acredite, eu sei o quão difícil é ouvir isso e seguir vivendo quando tudo o que queremos é ter um bebê. Entendo perfeitamente a dor de saber que, embora algumas ARTs possam nos trazer aquilo que mais desejamos, elas não são possibilidades morais. Mas tenha em mente que existem muitos tratamentos eficazes para a infertilidade alinhados com os valores católicos. Podemos escolher dentre muitas opções morais.

Orientações morais para o tratamento da infertilidade

Como podemos saber quais tratamentos são moralmente aceitáveis para nós e quais não são? Por mais complexos que os procedimentos médicos sejam, os princípios morais envolvidos para determinar isso são bem compreensíveis. Médicos podem diagnosticar, tratar e finalmente curar a infertilidade de muitas formas que não conflitam com os planos de Deus para a procriação. Nós podemos recorrer a essas opções médicas altamente bem-sucedidas desde que respeitemos três princípios fundamentais: (1) todo ser humano, mesmo o mais minúsculo ser recém-concebido tem o direito de viver; (2) os cônjuges têm o direito de se tornarem pai e mãe apenas através um do outro; e (3) toda criança tem direito de ser concebida na beleza e dignidade do ato de amor e entrega mútua entre seus pais.[20]

Vamos examinar cada um desses princípios. O primeiro princípio afirma que todo ser humano tem direito de viver. Nossa fé católica reconhece que a vida humana existe desde o momento da concepção até a morte natural. Isso significa que uma vez que a concepção tenha ocorrido, seja naturalmente através do ato sexual ou em uma placa de Petri* – embora este último procedimento seja moralmente problemático como será explicado mais tarde –, há um indivíduo presente e ele deve ser protegido. O estado embrionário de desenvolvimento de maneira alguma diminui o valor da sua vida ou limita o seu direito a viver em um ambiente fisicamente seguro. Toda vida humana deve ser cuidada e não ser exposta a perigo intencionalmente. Enquanto futuros pais, nós não temos a competência para abdicar desse direito em nome de nossos filhos, muito menos o poder de tomá-lo. Devido ao fato de um embrião ser incapaz de proteger e garantir o próprio direito à vida, os pais têm a grande responsabilidade de proteger esse direito.

---

[20] Congregação para a Doutrina da Fé. Instrução *Dignitas Personae*, sobre algumas questões de bioética, 12.
* Recipiente cilíndrico de vidro ou plástico usado em laboratórios para a cultura de micro-organismos. (N.E.)

O segundo princípio define que um marido e sua esposa têm o direito de se tornar pais apenas através um do outro. Devemos ter cuidado para não confundir esse princípio, entendendo-o como se significasse que um marido e sua esposa têm o direito absoluto de se tornarem pais. Isso implicaria equivocadamente que eles têm direito a uma criança, o que não é o caso, como já vimos. Crianças não são direitos, posses ou produtos; elas são pessoas, e elas são dons. Ao contrário, esse princípio significa que se os esposos devem se tornar pais, eles têm o direito de fazê-lo apenas um com o outro, não com uma terceira pessoa. A cláusula importante *apenas através um do outro* enfatiza esse aspecto. Por causa da santidade do voto de fidelidade matrimonial a nosso cônjuge, não podemos usar os espermatozoides, óvulos ou a barriga de aluguel de outra pessoa para nos tornarmos mães ou para fazer de nosso marido um pai. Usar esses meios violaria o compromisso que assumimos no sacramento do matrimônio. A dignidade do casamento e da procriação de nova vida humana demanda que as crianças devem ser concebidas apenas através dos corpos de seus pais. Não podemos concordar em abdicar desse direito, mesmo que agíssemos pela boa vontade de ter uma criança.

Finalmente, o terceiro princípio listado anteriormente declara que cada criança tem o direito de ser concebida na beleza e dignidade do ato de entrega e amor mútuo de seus pais. Isso significa que as crianças têm o direito de ser concebidas no contexto do ato sexual de seus pais.

Isto é, porque "... *os atos que permitem um novo ser humano vir a existir* e nos quais um homem e uma mulher se entregam mutuamente um ao outro, *são um reflexo do amor trinitário*".[21] O amor sexual do casal, um reflexo do amor de Deus, permite que marido e esposa participem como cocriadores na obra da criação do próprio Deus. Apenas esse contexto do ato sexual marital fornece a dignidade devida a cada vida humana vir à existência. Pode parecer estranho atribuir direitos a uma criança que ainda não existe, mas, se ela vir a existir por outro meio que não o ato sexual dos seus pais, seus direitos já foram violados. Lembre-se de que crianças não são produtos ou posses sob nosso controle. Elas são dons a serem amados e protegidos. Não podemos tratá-las como objetos a serem dominados desde o primeiro momento de sua existência. Crianças têm o direito de ser a imagem concreta e viva do amor de seus pais, "o sinal permanente da união conjugal".[22] Ainda que uma criança não venha a existir de qualquer outro modo, não podemos subtrair seu direito inviolável de ser concebida no contexto da união física de amor de seus pais.

A principal definição moral é esta: tratamentos para fertilidade que *auxiliam* o sexo a alcançar seu fim natural da procriação são louváveis; tratamentos para fertilidade que *substituem* o sexo violam os princípios da moral católica.[23] De fato, eles são gravemente imorais e violam o pro-

---

[21] Ibid., 9.

[22] Instrução *Donum Vitae*, cit., II, A, 1.

[23] Instrução *Dignitas Personae*, cit., 12.

jeto de Deus. Por isso, a Igreja Católica promove esforços de pesquisas e investe na sua prevenção e em tratamentos moralmente aceitáveis de infertilidade.[24]

Na prática, os princípios delineados anteriormente geram uma lista de opções de tratamentos moralmente aceitáveis e inaceitáveis para a infertilidade. Ao invés de pensar neles como uma lista de "Deverás" e "Não deverás", lembre-se de que estamos tentando seguir a vontade de Deus no contexto da fé da Igreja que ele nos deu através de seu Filho, Jesus Cristo. Ele veio até nós em nossa necessidade no deserto, acolheu-nos em todo o nosso sofrimento e prometeu jamais nos abandonar. Buscamos seguir a Jesus em nossa jornada pela infertilidade. Ele está nos guiando para nosso futuro, protegendo-nos e amando-nos incondicionalmente. Seguir Jesus significa cumprir a vontade de Deus como Jesus cumpriu, não importa ao que isso nos leve. Se buscarmos sinceramente seguir Jesus, nosso guia e amigo, ele nos dará toda a graça necessária para fazermos a vontade de Deus, mesmo quando ela for tremendamente difícil. Ele não nos deixará carregar o fardo sozinhos.

Questões para reflexão e discussão

- Como você se sente com respeito aos ensinamentos da nossa fé sobre a santidade do ato sexual e sobre como ele foi elaborado por Deus para renovar e fortalecer seus votos matrimoniais?

---
[24] Ibid., 14.

- No plano de Deus para a intimidade sexual, os frutos do amor mútuo e a procriação jamais podem ser separados. Como você vive isso em seu casamento? Que efeito isso tem/teve nas suas tentativas de conceber uma criança?
- Como a sua atual batalha para conceber uma criança afeta sua relação sexual com seu/sua esposo/a?
- Você acha que seu ardente desejo por um filho pode justificar quaisquer meios necessários para engravidar? Você acredita que tem direito a uma criança?
- Descreva sua reação às seguintes afirmações:
    1. Todo ser humano, mesmo o mais pequenino embrião, tem o direito de viver.
    2. Os esposos têm o direito de tornarem-se pais apenas através um do outro.
    3. Toda criança tem direito a ser concebida através do ato sexual.
- O que você gostaria de compartilhar com seu/sua esposo/a a respeito de sua reflexão?

Para amigos e familiares

Casais à procura de tratamentos de infertilidade podem se sentir afogados em várias opiniões médicas, estatísticas, conselhos, dados, testes, procedimentos e medicações. Gerenciar isso e lidar com o consequente esgotamento emocional pode parecer exaustivo demais para muitos deles.

Os conflitos morais e espirituais que podem acompanhar a infertilidade e seu tratamento criam uma experiência complicada. A menos que tenha passado por isso, você pode se sentir incapaz de ajudar e oferecer conselhos. Seus entes queridos também podem estar em uma posição diferente de você em sua vivência de fé e podem reagir diferentemente às orientações morais da Igreja. Saiba que você não precisa dar conselhos para apoiá-los ou ter empatia. A menos que eles peçam algum conselho, talvez seja melhor não dar. Ao invés disso, ofereça seu apoio constante e orações persistentes. Saber que eles podem contar com seu apoio incondicional trará tremendo alívio e conforto.

Oração

Senhor, presta atenção, responde-me,
porque sou pobre e infeliz...
meu Deus, salva teu servo que em ti espera.
Piedade de mim, Senhor, a ti eu clamo o dia todo.
Alegra a vida do teu servo,
porque a ti, Senhor, elevo a minha alma.
Tu és bom, Senhor, e perdoas,
és cheio de misericórdia para com todos os que te invocam.
Presta atenção, Senhor, à minha prece
e sê atento à voz da minha súplica.
No dia da angústia levanto a ti
meu clamor e tu me ouves.

(Salmo 85[86],1;2b-7)

CAPÍTULO 4

Discernindo o tratamento

> "Também Isabel, tua parenta, concebeu um filho na sua velhice.
> Este já é o sexto mês daquela que era chamada estéril,
> pois para Deus nada é impossível."
> Maria disse: "Eis aqui a serva do Senhor!
> Faça-se em mim segundo a tua palavra".
> E o anjo retirou-se de junto dela.
> (Lucas 1,36-38)

Meu noivo e eu comparecemos à obrigatória sessão introdutória ao Creighton Model Fertility*Care* System – um método de Planejamento Familiar Natural – como parte do curso de noivos da minha paróquia. Naquela época eu estava tomando anticoncepcional para tratar meus ciclos menstruais irregulares. A apresentação tirou a trave dos meus olhos e subitamente pude enxergar claramente. Decidi parar de tomar a pílula e planejamos usar o sistema Creighton em nosso casamento. Mas, depois que casamos e começamos a tentar engravidar, nada aconteceu. Como eu não estava tomando a pílula, meus ciclos estavam tudo, menos normais. As anormalidades sempre existiram, mas a pílula havia mascarado completamente os sinais e sintomas que meu corpo estava tentando me mostrar por anos.

Soube da *NaProTechnology* no curso de noivos, então pesquisei na internet e encontrei uma médica a apenas vinte minutos de distância que a utiliza. Ela rapidamente descobriu que eu provavelmente não estava ovulando desde que parei de tomar o anticoncepcional e que tinha síndrome do ovário policístico (SOP). Dois médicos com quem me consultei durante a época da faculdade me disseram que eu tinha SOP, mas a única solução deles era a pílula. Eu tinha 19 anos quando perguntei a eles se isso não poderia afetar minha futura fertilidade. Eles me garantiram que, pelo contrário, ajudaria a regular meu organismo de maneira que, quando eu fosse começar uma família, seria até mais fácil. Mas agora eu descobria o contrário.

Minha médica em *NaProTechnology* me receitou uma medicação para induzir a ovulação, e pela primeira vez, como adulta, eu ovulei; mas nada de gravidez ainda. Agendamos uma laparoscopia com um cirurgião de *NaProTechnology* para investigar uma possível endometriose. Ao invés de fazer apenas a laparoscopia típica, o cirurgião a realizou com remoção a *laser* de endometriose estágio II, uma histerossalpingografia seletiva, uma histeroscopia digital e uma cirurgia de ressecção dos ovários para restaurar as funções dos meus ovários. Quatro dias após minha cirurgia, senti pontadas do lado esquerdo, notei a presença de muco cervical obviamente fértil e catorze dias depois tive a menstruação mais normal desde os meus 14 anos. Ovulei sem a ajuda de medicação apenas quatro dias após a ressecção.

Desde então, passei por mais duas cirurgias e tratei uma infecção uterina, problemas de coagulação sanguínea e outros fatores autoimunes relacionados à infertilidade. A maioria dos médicos que consultei fora da *NaProTechnology* respeitaram minhas intenções de conceber naturalmente dentro do meu casamento e de acordo com os ensinamentos da minha fé católica – mas ainda tive que ouvir coisas como "FIV seria sua melhor chance".

Cinco anos se passaram desde o início do tratamento, e ainda não engravidei. Mas o vazio do meu útero é comparável à completude do meu coração. Recebi muitas bênçãos através dessa cruz que é a infertilidade. Na época em que fiz a primeira cirurgia, comecei um blog que me ajudou a conversar com outras católicas que também passam pela infertilidade. Os blogs delas atenderam minhas preces de maneira que eu jamais poderia ter imaginado. Meu blog continua a me ajudar a dar um significado mais profundo à minha cruz da infertilidade e falta de filhos. Espero que escrever sobre minhas próprias lutas espirituais possa ajudar outras católicas que estejam passando pela infertilidade. Também estou sendo treinada para ensinar o Modelo Creighton a outros casais e me tornei uma técnica de ultrassom e realizo ultrassonografias para dois centros de *NaProTechnology* em meu estado.

Sei que Deus colocou essa cruz na minha vida para eu usá--la para o bem, mas a parte mais difícil dessa jornada é aceitar a vontade dele sem questionar. Às vezes, ainda me pergunto

> qual a razão disso tudo. Tento oferecer o meu sofrimento de cada ciclo a outras mulheres que enfrentam essa cruz. Aceitando, tento permitir que Deus use a minha infertilidade para fortalecer a minha fé e o meu casamento, e para ajudar outras mulheres. E, principalmente, tento fazer valer esse tempo que Deus me deu. Acredito que ele fez e continuará a me fazer frutificar de muitas outras formas além de conceber uma criança.
>
> – A. S.

Lutar para engravidar deixa pouca preciosa energia emocional para contemplar qualquer outra coisa. Ainda assim, além de ter de suportar essa carga emocional junto, um casal que encara o desapontamento ciclo após ciclo pode se ver diante de uma série de complicadas e confusas decisões médica a tomar. A enorme quantidade de estatísticas, fatos, opiniões, orientações e recomendações para o diagnóstico e tratamento da infertilidade é desnorteante. Neste capítulo nós iremos examinar e avaliar os prós e contras de todos os tratamentos disponíveis para a infertilidade, e jogar alguma luz em algumas excitantes tecnologias bem-sucedidas que podem ser novas para você.

Opções médicas moralmente aceitáveis

Vamos primeiro examinar as opções médicas moralmente aceitáveis para o tratamento da infertilidade. Essas opções podem dar aos casais a oportunidade de receber o presente de uma criança do Criador de acordo com seu plano divino. Elas não *substituem* o ato sexual. Ao invés disso, elas tentam diagnosticar, tratar e curar as causas subjacentes da infertilidade e, portanto, *auxiliam* o ato sexual a resultar em concepção.

Ato sexual focado na fertilidade

O primeiro passo ao tentar conceber uma criança após meses sem sucesso é tornar-se consciente dos sinais naturais da fertilidade no ciclo da mulher usando o Planejamento Familiar Natural (PFN). O PFN é um meio de os casais monitorarem os sinais e sintomas que ocorrem naturalmente e que acompanham o ciclo da mulher para claramente identificar seu período mais fértil. Essa informação pode então ser usada para programar o ato sexual tanto para evitar como para tentar engravidar. O PFN é moralmente aceito e uma alternativa altamente eficaz de contracepção usada por muitos casais católicos e não católicos para adiar a gravidez. E muitos casais que tiveram dificuldade em conceber uma criança foram ajudados pelo PFN. Ele também dá à mulher uma valiosa informação sobre o que acontece hormonalmente com seu corpo durante seu ciclo. Planilhar os sinais de fertilidade usando o PFN pode poupar meses de exames e revelar algumas irregularidades ovulatórias e hormonais responsáveis pela infertilidade. Planilhar esses sinais de fertilidade fornece muito mais informações do que os testes e *kits* de ovulação que se podem comprar nas farmácias e é muito útil se você precisar se consultar com um médico.

Pelo menos três principais métodos de PFN são comumente usados: o método de Temperatura Basal, o método Billings e o método Creighton.[1] Esses métodos revolucionaram o planejamento familiar e eliminaram as adivinhações e imprecisões do método rítmico (tabelinha). Todos esses métodos de PFN provêm informações altamente detalhadas e individuais sobre cada ciclo mensal de uma mulher. Todos envolvem a identificação de vários sinais primários e secundários de fertilidade, como qualidade interna e externa, coloração, consistência e quantidade de muco cervical; posição cervical, firmeza e grau de abertura; maciez e inchaço vulval; padrões de sangramento; mudanças na temperatura basal do corpo; dor ou desconforto ovulatório; e sensibilidade dos seios. Um casal pode ser treinado nesses métodos de PFN para aumentar o conhecimento da própria fertilidade.

Uma vez que os casais tenham consciência dos seus sinais naturais de fertilidade, eles podem planejar o ato sexual para os dias de maior potencial fértil. Os diferentes métodos que podem ser escolhidos para detectar os

---

[1] Os sites para esses diferentes métodos de Planejamento Natural Familiar estão listados no Apêndice D sob o título de "Organizações atentas à fertilidade". Há também uma variedade de livros listados nesse apêndice que explicam cada um dos métodos em detalhes.

sinais de fertilidade são facilmente aplicáveis se os casais receberem o devido treinamento, e as organizações especializadas no treinamento desses métodos estão ansiosas em ajudá-los nisso.[2] Os casais que anotarem e gravarem cuidadosamente todos esses sinais de fertilidade pouparão tempo se tiverem que procurar aconselhamento médico adicional, já que tais registros permitirão a avaliação de muitos fatores importantes sobre a fertilidade da mulher. Casais empenhados no ato sexual com foco na fertilidade, por seis meses sem conceber, devem passar por avaliações médicas adicionais e intervenções (ou até antes, se houver sinais de problemas médicos).

Avaliação geral de fertilidade

Se você decidir consultar um médico, prepare-se para uma louca e selvagem viagem pelo mundo da medicina reprodutiva. Saiba que, para começar, você poderá ter que defender seu próprio cuidado médico. Mesmo que encontre um médico em quem confie e que apoie seus comprometimentos morais, você ainda tem participação em sua própria saúde reprodutiva. A relação médico-paciente deve ser uma parceria.

Felizmente, muitos médicos especializados na avaliação e no tratamento da infertilidade respeitam os ensinamentos da Igreja na medicina reprodutiva. De fato, um médico católico, Thomas W. Hilgers, MD, fundou um instituto médico dedicado ao estudo da reprodução humana:

---

[2] Para uma lista de organizações atentas à fertilidade, veja Apêndice D.

o Instituto Papa Paulo VI para o Estudo da Reprodução Humana (www.popepaulvi.com). Esse instituto é internacionalmente reconhecido por suas excelentes realizações no campo da medicina reprodutiva. Ele oferece treinamento em *NaProTechnology* para médicos dos Estados Unidos e Canadá com o objetivo de avaliar e tratar a infertilidade e abortos espontâneos recorrentes.[3]

Quando encontrarem um médico em quem confiem, ele ouvirá vocês e os guiará passo a passo de uma maneira moralmente condizente. Serão realizados alguns exames para determinar as possíveis causas da infertilidade, começando

---

[3] Nos EUA é possível acessar o banco de dados de médicos treinados em *NaProTechnology on-line* no site <www.fertilitycare.org>. O que se segue é um excerto retirado do site: <http://www.popepaulvi.com/ncfwh-evaltreat.htm> em 27 de janeiro de 2012: "O Programa de Infertilidade do Instituto Papa Paulo VI, um dos poucos que existe nos Estados Unidos, é uma abordagem baseada em doenças que reconhece que 'toda infertilidade (ou outros problemas reprodutivos humanos) é causada por algum tipo de processo de enfermidade orgânica ou funcional'. Diferentemente da abordagem médica atual, que tipicamente envolve uma avaliação limitada, pacientes do Instituto Papa Paulo VI recebem uma avaliação completa e uma sólida explicação do porquê de estarem tendo problemas para conseguir ou manter uma gravidez. As causas orgânicas ou funcionais da infertilidade podem ser diagnosticadas e tratadas de maneira relativamente fácil... Ao identificar e tratar as doenças subjacentes que causam a infertilidade, o Instituto aperfeiçoa a habilidade do corpo de trabalhar de maneira mais efetiva, em oposição à prática de 'conduzir', 'forçar' ou tentar 'substituir' o sistema reprodutor. A eficácia do programa varia dependendo do tipo de doença diagnosticada. Em alguns casos, a eficácia do Instituto ultrapassa 80% no auxílio a casais que conseguem engravidar com sucesso. Em muitos problemas de infertilidade comuns, a taxa de sucesso fica entre 50 a 75%. Em alguns casos mais incomuns de problemas de infertilidade, a taxa de sucesso será menor que essa, mas quase sempre mais alta que as taxas esperadas de programas que usam tecnologias de reprodução artificial (fertilização *in vitro*, inseminação artificial etc.). Embora o programa de fertilidade do Instituto Papa Paulo VI seja um dos mais bem-sucedidos nos Estados Unidos, uma gravidez jamais pode ser garantida".

pelos menos invasivos e, então, gradualmente progredindo para os mais invasivos. O trabalho de laboratório deve ser feito para avaliar os níveis hormonais da mulher e talvez também testar alguma doença sexualmente transmissível como a clamídia ou a gonorreia. Tais doenças silenciosamente devastam o sistema reprodutivo da mulher e podem levar à infertilidade. Esses e certamente outros diagnósticos são mais fáceis de realizar e são geralmente feitos juntamente com uma avaliação de pré-concepção, antes de se iniciar um plano de tratamento.

Análise de fluído seminal

Embora muitos homens hesitem em se submeter a exames, a análise do sêmen pode revelar problemas de fertilidade simples de diagnosticar e tratar. Costuma ser difícil para alguns homens considerar a ideia de que seu sistema reprodutor possa ter a menor falha. Entretanto, geralmente a análise do sêmen deve ser feita antes de o casal considerar exames mais invasivos para a esposa.

A questão envolvida na coleta do fluído seminal é que o método padrão envolve masturbação, o que representa um problema moral significativo. A masturbação dissocia totalmente o marido e a esposa. Ela não consegue comunicar a mútua entrega de amor e não está aberta à criação de nova vida. Além disso, muitos homens a consideram desumanizante e embaraçosa. O único lugar moralmente aceitável para um homem ejacular intencionalmente é na vagina de sua esposa durante o ato sexual. Ainda assim, a análise do fluido seminal é uma parte importante e necessária do diagnóstico e tratamento da infertilidade.

O método moralmente aceitável de coletar o fluido seminal para exames é utilizar um dispositivo de coleta de fluido seminal perfurado durante o ato sexual no conforto do seu lar. É uma espécie de preservativo estéril e não espermicida que pode ser perfurado para se tornar não contraceptivo. Lembre-se de que a contracepção também representa graves ofensas morais. O preservativo deve ser perfurado antes do ato sexual. Ele pode ser comprado com um *kit* que inclui um recipiente estéril para o transporte para o laboratório.[4] Se seu médico não puder fornecer o *kit*, você pode contatar o Instituto Papa Paulo VI.[5] Você deverá também comunicar o laboratório com antecedência para deixá-lo avisado do seu método de coleta e saber se há alguma orientação específica para você. Certifique-se de manter a amostra próxima da temperatura ambiente durante o transporte. Alguns estudos mostraram que esse método de coleta do fluido seminal produz melhores amostras que a masturbação.[6]

---

[4] Nos Estados Unidos, há *kits* de coleta de fluido seminal disponíveis em lotes para venda a médicos ou para uso individual.
No Brasil, alguns laboratórios trabalham com coleta realizada em domicílio. No caso em que a amostra não for coletada por masturbação, é fornecido um preservativo especial e deve-se seguir o procedimento indicado pelo médico.

[5] Veja o site: <www.popepaulvi.com>. Há mais informações sobre o Instituto Papa Paulo VI no Apêndice D.

[6] P. M. Zavos. Characteristcs of human ejaculates collected via masturbation and a new Silastic seminal fluid collection device. *Fertil Steril* 43 (1985): 491.

Exame pós-coital

O exame pós-coital é feito após um ato sexual normal, durante o período fértil da esposa, para avaliar a contagem de espermatozoides e a viabilidade deles no muco cervical. Há momentos, fora do período fértil, em que naturalmente o ambiente vaginal da mulher fica relativamente hostil ao esperma. Entretanto, nos dias que precedem e no que inclui a ovulação, a cérvix uterina da esposa normalmente secreta uma descarga de muco que preserva a saúde e a mobilidade dos espermatozoides, aumentando as possibilidades de fertilização. Para algumas mulheres, no entanto, o muco cervical pode ser insuficiente para amparar o esperma ou criar um ambiente hostil para ele. Um exame pós-coital pode também revelar se a esposa desenvolveu uma resposta imune ao esperma de seu marido. Qualquer desses fatores pode reduzir a fertilidade do casal.

Técnicas de imagem

Se os exames elencados derem resultados normais, os casais podem realizar exames de imagem, como a ultrassonografia ou, para checar as tubas uterinas, uma histerossalpingografia. Esses exames podem diagnosticar anormalidades estruturais nos órgãos reprodutivos da mulher

---

Id. Seminal parameters of ejaculates collected from oligospermic and normospermic patients via masturbation and at intercourse with the use of Silastic seminal fluid collection device. *Fertil Steril* 44 (1985): 517.

D. J. Mehan; M. J. Chehval. A clinical evaluation of a new Silastic seminal fluid collection device. *Fertil Steril* 28 (1977): 689.

P. M. Zavos. Comparison of two devices for semen collection during intercourse. *J of Andrology* 10 (1989): 82.

que talvez estejam causando a infertilidade. Fibroses, cistos e tubas bloqueadas costumam ser reveladas por esse conjunto de procedimentos de avaliação.

Laparoscopia

Se nenhuma outra causa da infertilidade for descoberta, dá-se lugar ao último procedimento de avaliação (embora alguns médicos achem que ele deveria ser feito antes). A cirurgia de laparoscopia geralmente revela o que outros exames não conseguiram: endometriose, tubas uterinas danificadas, cistos nos ovários, aderências pélvicas etc. Maiores ou menores problemas também podem ser corrigidos durante essa cirurgia diagnóstica.

Terapia holística

Independentemente da(s) causa(s) particular(es) da infertilidade, muitos casais podem escolher medidas holísticas para aumentar sua fertilidade geral. Tais medidas podem complementar os cuidados-padrão oferecidos por seu médico, conforme descritos a seguir.

Se você fuma, pare. Fumar pode causar infertilidade tanto em homens como em mulheres.[7] Fumar também torna mais difícil levar a gravidez até o fim. Adicionalmente, 12% dos casos de infertilidade podem estar ligados a mulheres muito acima ou muito abaixo do peso.[8] Isso

---

[7] Smoking and Infertility. Patient's Fact Sheet, American Society of Reproductive Medicine. Disponível em: <www.asrm.org/uploadedFiles/ASRM_Content/Resources/Patient_Resources/Fact_Sheets_and_Info_Booklets/smoking.pdf>.

[8] Weight. American Society for Reproductive Medicine. Disponível em: <www.asrm.org/topics/detail.aspx?id=1763>. Acesso em: 21/11/2010.

porque o estrogênio, um ingrediente hormonal necessário para a fertilidade, é produzido nas células de gordura. Ter muita ou pouca gordura corporal pode afetar negativamente os níveis de estrogênio da mulher. Além disso, pesquisadores recentemente encontraram uma relação entre o consumo de gordura e a qualidade do sêmen nos homens. Quanto mais gorduras saturadas e monoinsaturadas um homem consome, mais baixa será sua contagem de esperma. Porém, a ingestão de gordura poli-insaturada parece ter efeitos benéficos na fertilidade.[9] Não fumar e cuidar do peso não são apenas medidas importantes para a saúde em geral, tanto para homens como para mulheres, mas também são importantes para a fertilidade.

Muitas pessoas se perguntam se há uma conexão entre nutrição, suplementos vitamínicos e fertilidade. Apesar de ser bem conhecido o fato de que uma dieta saudável rica em vitaminas e minerais contribui para a saúde como um todo, pouco se sabe sobre alguma correlação particular com a saúde reprodutiva. No entanto, muitas mulheres e médicos em *NaProTechnology* tiveram sucesso em aumentar o muco cervical usando potencializadores naturais, como a vitamina B6 e a guaifenesina (um expectorante usado em alguns xaropes). Embora isso fuja à sua indicação comum, sob a supervisão de um médico eles têm se mostrado úteis para muitas mulheres com muco cervical

---

[9] Highlights from the 66th Annual Meeting: Fat and Fertility in Men. Press Release, American Society for Reproductive Medicine (25 out. 2010).

escasso. Amoxicilina também pode ser usada para esse propósito.[10]

Por fim, uma palavra sobre estresse. Se você ainda não ouviu isso, provavelmente ouvirá: "Relaxe e você ficará grávida!". Isso é irritante e inverídico. Não há absolutamente qualquer prova de que o estresse possa causar ou de alguma forma contribuir para a infertilidade.[11] Por outro lado, é um eufemismo dizer que a infertilidade causa estresse. A infertilidade causa um *tremendo* estresse. Muitos homens e mulheres buscam técnicas de controle de estresse enquanto estão passando pela infertilidade simplesmente para aliviar um pouco do peso que carregam. Meu marido e eu achamos a oração extremamente útil, e rezamos sozinhos e juntos. Nós encontramos consolo especialmente nas palavras dos Salmos incluídos na Oração Noturna da *Liturgia das horas* e na oração a São Geraldo.[12] Meu

---

[10] Para maiores informações sobre nutrição, suplementos e fertilidade, veja: Shannon, Marilyn M. *Fertility, Cycles & Nutrition*. 4. ed. Cincinnati: Couple to Couple League, 2009.
Manter o quarto escuro também é muito útil tanto para tratar a infertilidade como para prevenir o aborto espontâneo. Veja: DeFelice, Joy, R.N., B.S.N., P.H.N. The Effects of Light on the Menstrual Cycle: Also Infertility. Spokene: Sacred Heart Medical Center, 2000.

[11] Strees and Infertility. Patient Fact Sheet, American Society for Reproductive Medicine. Disponível em: <www.asrm.org/uploadedFiles/ASRM_Content/Resources/Patient_Resources/Fact_Sheets_and_Info_Booklets/Stress-Fact.pdf>. Acesso em: 21/11/2010. Ocasionalmente, em algumas mulheres o estresse agudo (indicado por suor nas palmas das mãos, aumento dos batimentos cardíacos e respiração pesada) pode causar mudanças hormonais que resultam em atraso ou falta de ovulação em determinado ciclo. Entretanto, isto é diferente do estresse crônico que geralmente acompanha a infertilidade. Este tipo de estresse nunca foi identificado como sendo uma causa de infertilidade.

[12] Há algumas orações úteis incluídas no Apêndice A.

marido também desenvolveu uma significativa devoção por São José e começou a rezar o rosário. Conheço muitas mulheres que atravessaram a infertilidade com uma bolsa repleta de novenas, imagens e medalhas de vários santos. John e eu encontramos ajuda frequentando os sacramentos e no apoio de nossos padres e diretores espirituais. Também passei a visitar cada vez mais o Santíssimo Sacramento para ficar diante dele em silêncio. Rezar é uma fonte de paz e força, que também tende a aliviar o estresse. Mas outros métodos para reduzir o estresse podem agradar. Muitos casais tentam relaxamento, meditação, acupuntura e técnicas similares para reduzir o estresse que vem junto com as avaliações e tratamentos de fertilidade.

Medicamentos para fertilidade

Se um desequilíbrio ou deficiência hormonal for identificada, ou se uma infecção estiver presente, a suplementação hormonal ou um tratamento com medicamentos pode corrigir o problema. A fertilidade de ambos, marido e esposa, pode ser aumentada com terapia hormonal.

Cirurgia reparadora

Quando há anormalidades ou danos estruturais, uma cirurgia é usualmente requerida para corrigir a condição. A maioria dos urologistas pode facilmente tratar varicocele[13] e ginecologistas especializados podem remover

---

[13] Varicocele é um aumento anormal das veias no escroto, que resulta em uma insuficiência na drenagem de sangue e ao consequente represamento sanguíneo e aumento do volume das veias. Isso pode elevar a temperatura do escroto, criando um ambiente prejudicial à produção de esperma e levar à infertilidade masculina.

endometriose, cistos, pólipos e miomas. Ainda assim, um cirurgião reprodutivo altamente habilidoso pode ser o melhor para remover até mesmo o menor ponto de endometriose, para delicadamente abrir tubas uterinas bloqueadas ou para remover porções danificadas das tubas e religar as porções saudáveis. Entretanto, é difícil encontrar um cirurgião reprodutivo que seja capaz de realizar com sucesso todos esses procedimentos cirúrgicos tão delicados.

Isso porque, quando a FIV se tornou disponível após 1978, a medicina reprodutiva mudou de marcha. Poucos médicos foram treinados para realizar cirurgia reprodutiva reparadora e mais e mais médicos foram treinados para passar por cima do sistema reprodutivo feminino e substituir o ato sexual com um procedimento de laboratório através da FIV. Portanto, a maioria dos especialistas em reprodução não tentará fazer nada do que for necessário para restaurar a saúde reprodutiva, porque simplesmente eles nunca foram treinados para isso.[14]

Felizmente, por causa do Instituto Papa Paulo VI para os Estudos da Reprodução Humana estar alinhado com os ensinamentos morais da Igreja Católica a respeito do tratamento da infertilidade, a cirurgia reprodutiva restauradora está continuamente avançando nos Estados Unidos e Canadá. Médicos treinados pelo Instituto Papa Paulo VI

Pesquisas recentes mostram que cerca de 90% da infertilidade masculina é causada por varicoceles bilaterais, e a condição é quase sempre tratável com cirurgia ambulatorial.

[14] Disponível em: <www.naprotechnology.com/surgical.htm>.

são especialistas avançados e altamente treinados em uma área de técnicas cirúrgicas que pode efetivamente reconstruir estruturalmente e restaurar a saúde reprodutiva de maneiras que outros endocrinologistas reprodutivos não podem. Eles são também peritos em medicina reprodutiva. O Instituto também tem um programa de certificação para vários aspectos da medicina procriativa para médicos não cirurgiões e enfermeiros.

Eu não conhecia o Instituto Papa Paulo VI quando meu marido e eu estávamos enfrentando a infertilidade. Meu endocrinologista reprodutivo também nunca tinha ouvido falar nesse lugar. Por isso, ele achou que eu estava louca quando perguntei se ele poderia reparar minhas tubas uterinas. Ao invés disso, ele removeu uma delas. Dando-lhe o devido crédito, no entanto, ele sabia da nossa posição quanto à FIV e forçou um fraco gotejamento de contraste através da tuba restante durante a cirurgia. Por ela estar tão retorcida e com tantas aderências, ele me avisou que ela provavelmente se fecharia em uma semana. Nós nem tínhamos agendado a cirurgia de varicocele bilateral do meu marido, então estávamos certos de que não tínhamos chance alguma de engravidar.

Um ano e meio depois, durante o processo de adoção de nosso filho mais velho, proveniente da Coreia, nosso segundo filho foi inexplicavelmente concebido. A cirurgia do meu marido deve ter funcionado e minha tuba restante, mesmo danificada, ainda devia estar aberta depois de todo aquele tempo. Dois a dois, Deus nos mandou os filhos mais preciosos que nós jamais poderíamos esperar. O primeiro começou a crescer em meu coração tão logo recebi sua foto de referência e, sem o nosso conhecimento, o segundo começou a crescer, vários meses depois, abaixo do meu coração, e bem perto de seu irmão.

Transferência de Óvulos para a Tuba Anterior

Se o funcionamento das tubas não puder ser restaurado por cirurgia, um procedimento conhecido como Transferência de Óvulos para a Tuba Anterior (Low Tubal Ovum Transfer, LTOT) pode ser realizado. Na LTOT, os óvulos são transferidos para um ponto abaixo do dano ou bloqueio da tuba, ou às vezes para dentro do útero, antes da realização do ato sexual, durante o período fértil da mulher. A maioria dos teólogos considera esse tratamento moralmente aceitável.[15]

LTOT e as outras opções de tratamentos médicos apresentadas para a infertilidade são apenas isso – tratamentos. Gostaria de reforçar que a chave para um tratamento bem-sucedido de infertilidade e restauração da saúde reprodutiva é diagnosticar o(s) distúrbio(s) subjacente(s) que esteja causando a infertilidade. A infertilidade não é uma *doença*; é um *sintoma* de uma condição médica subjacente. É uma limitação física causada por um distúrbio físico. Mesmo nos casos de "infertilidade sem causa aparente",

---

[15] J. M. Haas, Begotten Not Made: A Catholic View of Reproductive Technology. Washington: United States Catholic Conference, 1998. Disponível em: <http://www.usccb.org/issues-and-action/human-life-and-dignity/reproductive-technology/begotten-not-made-a-catholic-view-of-reproductive-technology.cfm>.

há algo fisicamente errado. Há sempre uma causa profunda, mesmo quando sua natureza não pode ser determinada. O objetivo desses exames e tratamentos é diagnosticar, tratar e finalmente curar as causas da infertilidade. Seu objetivo é prestar assistência ao ato sexual, não substituí-lo, na concepção de uma criança.

Opções médicas moralmente inaceitáveis

Agora que exploramos todos os tratamentos médicos moralmente aceitáveis, vamos ver por que outros não são moralmente aceitáveis.[16] Embora tais procedimentos possam parecer tratamentos de infertilidade, eles na verdade substituem a intimidade sexual, ignorando as causas da infertilidade e concebendo crianças fora da união sexual do amor matrimonial. "A substituição do ato conjugal por um procedimento [...] contribui para enfraquecer a consciência do respeito devido a cada ser humano",[17] e por essa razão é definido como sendo moralmente inaceitável.

Obtendo sêmen através da masturbação

Sempre que um doador de esperma é usado, e frequentemente quando o esperma de um marido é utilizado, ele é coletado através da masturbação. Isso é imoral por todas as razões descritas anteriormente no tópico "Análise

---

[16] As orientações que seguem são baseadas na doutrina da Igreja, conforme articuladas nas instruções *Donum Vitae* e *Dignitas Personae* da Sagrada Congregação para a Doutrina da Fé. Esses documentos estão listados no Apêndice D.
[17] Instrução *Dignitas Personae*, 16.

de fluído seminal". A masturbação nunca é um meio moralmente aceitável de se obter esperma, seja para análise de fatores masculinos da infertilidade, seja para o uso em técnicas de reprodução assistida. O fim não justifica os meios. Um casal deve, ao invés disso, utilizar um dispositivo coletor de fluído seminal perfurado para conseguir a amostra.

Procedimentos heterólogos

São os procedimentos em que uma terceira pessoa é utilizada para alcançar a concepção através do uso de um doador de esperma, de uma doadora de óvulos ou de ambos. Procedimentos heterólogos também incluem a "barriga de aluguel", em que outra mulher é engravidada com um óvulo fertilizado e gesta uma criança para o casal infértil. Os gametas do(a) doador(a) e do casal são geralmente utilizados em diferentes combinações e em vários procedimentos, como inseminação artificial, injeção intrauterina, injeção intracitoplasmática de espermatozoides, fertilização *in vitro* e barriga de aluguel. Não importa qual o procedimento utilizado, todos os procedimentos heterólogos são considerados gravemente imorais. Primeiro, eles violam o direito de marido e esposa se tornarem pai e mãe apenas através um do outro, e isso quebra o voto de fidelidade do matrimônio. Segundo, muitos desses procedimentos separam a procriação do ato sexual, violando o direito da criança de ser concebida na beleza e dignidade do ato de doação mútua de amor dos seus pais. Finalmente, o esperma do doador é comumente coletado através da masturbação, o que não é moralmente aceitável.[18]

Transferência Intratubárica de Zigoto (ZIFT, na sigla em inglês)

Nesse procedimento, um espermatozoide e um óvulo são combinados fora do corpo da esposa, e o zigoto (um embrião recém-fertilizado) é transferido para a tuba uterina. Isso é feito para driblar, ao invés de tratar, vários problemas de fertilidade. Ainda que o esperma do marido fosse coletado de maneira moralmente aceitável, esse procedimento ainda substitui o ato sexual e o separa da procriação porque a concepção acontece fora do corpo da mulher. Portanto, ele priva a criança do seu direito de ser concebida no contexto do ato sexual e amoroso de seus pais, fazendo dessa criança mais um objeto a ser manipulado do que um dom a ser recebido.

Injeção Intracitoplasmática de Espermatozoides (ICSI, na sigla em inglês)

Nesse procedimento, um único espermatozoide é injetado diretamente no óvulo, evitando certas formas de fator de infertilidade masculina. O embrião resultante é então transferido para o corpo da mulher para implantação. Como na ZIFT, ainda que o esperma do marido fosse coletado de uma maneira moralmente aceitável, esse procedimento ainda substitui o ato sexual e o separa da

---

[18] Cf. CIC, 2376-2377.

procriação, pois a concepção acontece fora do corpo da esposa. Isso causa "uma completa separação entre a procriação e o ato conjugal".[19] Portanto, ele priva a criança do seu direito de ser concebida no contexto do ato sexual e amoroso de seus pais.

Fertilização *in vitro* (FIV)

A fertilização *in vitro* é uma das técnicas de reprodução assistida mais conhecidas. Ela envolve a concepção artificial de vida humana através da fertilização de um óvulo da esposa ou de uma doadora pelo esperma do marido ou de um doador. Falando genericamente, um grande número de embriões é criado em uma placa de Petri e observa-se o seu crescimento. Alguns deles são, então, transferidos para o útero da esposa ou de uma barriga de aluguel na esperança da implantação. Os embriões restantes podem ser congelados para uso futuro ou destruídos por serem considerados "defeituosos".

Já consideramos os problemas morais envolvidos quando uma terceira pessoa (doador de esperma, de óvulos ou barriga de aluguel) participa das tentativas de se realizar a procriação. Esse tipo de procedimento priva o marido e a esposa do direito de se tornarem pais somente através um do outro. Também se considera a imoralidade de se coletar esperma através da masturbação. Então vamos considerar o caso hipotético (e raro) em que o casal não use doadores de gametas e até mesmo colete amostra de sêmen com

---
[19] Instrução *Dignitas Personae*, 17.

um preservativo perfurado, superando, portanto, certos problemas morais. A FIV ainda necessariamente envolve a criação de vida humana em uma placa de Petri. A FIV sempre dissocia a procriação da união sexual dos esposos, privando, portanto, os embriões de seu direito humano básico de serem concebidos na dignidade do ato de amor mútuo de seus pais. Esses minúsculos embriões, filhos de marido e esposa, "são seres humanos e sujeitos de direito: a sua dignidade e o seu direito à vida devem ser respeitados desde o primeiro momento de sua existência".[20]

Usualmente, pelo menos dois ou mais embriões são transferidos para a implantação. Os outros são então expostos a um destino absurdo. Esses pequenos nascituros podem ser descartados ou congelados. Descartar vida humana é, obviamente, moralmente repreensível. Congelar embriões humanos,

> mesmo se executado para assegurar uma conservação em vida do embrião – crioconservação – *constitui uma ofensa ao respeito devido aos seres humanos*, uma vez que os expõe a graves riscos de morte ou de dano à sua integridade física, priva-os ao menos temporariamente da acolhida e da gestação maternas, pondo-os em uma situação suscetível de ulteriores ofensas e manipulações.[21]

Além disso, "a maior parte dos embriões não utilizados fica 'órfã'. Não são reivindicados por seus pais, que, muitas

---
[20] Instrução *Donum Vitae*, I, 5.
[21] Ibid., I, 6.

vezes, não são mais localizados. Daí a existência de depósitos de milhares e milhares de embriões congelados em quase todos os países onde se pratica a fecundação *in vitro*".[22]

Agora vamos considerar um caso em que todos os embriões foram transferidos para implantação e nenhum foi congelado. Se o médico determinar que um número tão grande de embriões foi implantado com sucesso, é geralmente requerido ao casal que reduza o número de embriões através de aborto seletivo, o que, evidentemente, como todos os abortos intencionais, é gravemente imoral. Mesmo que o casal implante todos os embriões fertilizados e não aborte seletivamente nenhum dos sobreviventes, a FIV ainda é grave e moralmente errada. Ela dissocia totalmente a procriação do ato de entrega mútua do ato sexual matrimonial, privando as crianças concebidas de um direito humano básico.

Juntamente com a ZIFT e a ICSI, a FIV desvaloriza a pessoa humana e trata minúsculos seres humanos como se fossem mero material biológico a ser manipulado ou jogado fora. Além do mais, o que talvez seja ainda mais perturbador, "são cada vez mais frequentes os casos em que casais não estéreis recorrem às técnicas de procriação artificial com o único objetivo de poder realizar uma seleção genética dos seus filhos".[23] Essa prática coloca um médico no lugar do Médico dos Médicos e retira toda arte criativa das mãos de Deus.

---

[22] *Dignitas Personae*, 18.
[23] Ibid., 15.

Clonagem humana

Na clonagem humana, o núcleo de uma célula corporal é transferido para um óvulo para produzir um novo ser humano que será uma cópia genética idêntica do doador da célula corporal. Embora não seja usado atualmente em tratamentos para fertilidade, a clonagem humana é proposta como uma forma de casais inférteis terem um bebê. A possibilidade de clonar uma cópia de um ser humano fez crescer uma séria preocupação ao redor do mundo, e é proibida em muitas nações. Ela reduz a reprodução humana a um processo de manufatura e trata os embriões humanos como uma coisa ou *commodity*, uma mera cópia de outra pessoa. Não está conectada à sexualidade humana de forma alguma, sendo, aliás, *assexual*: não requer o uso do esperma de um potencial pai.

> A clonagem humana é intrinsecamente ilícita, enquanto, ao levar ao extremo a negatividade ética das técnicas de fertilização artificial, pretende *dar origem a um novo ser humano sem relação com o ato da recíproca doação entre dois cônjuges* e, mais radicalmente, *sem nenhuma ligação com a sexualidade*. Tal circunstância dá lugar a abusos e a manipulações gravemente lesivas da dignidade humana.[24]

---

[24] Ibid., 28.

A clonagem humana representa uma das mais grosseiras violações da dignidade humana jamais viabilizadas pela pesquisa médica.[25]

Opções médicas atualmente em discussão (nem "aprovadas" nem "reprovadas")

Somando-se aos exames e tratamentos listados apresentados, alguns procedimentos caem numa área cinzenta porque atualmente estão sendo discutidos pelas autoridades da Igreja. A Igreja ainda não os declarou como sendo morais ou imorais.

Como se verá, uma determinação moral sobre tais procedimentos é difícil porque não está claro se eles *auxiliam* o ato sexual a atingir seu objetivo natural ou se eles *substituem* o ato sexual completamente. Mesmo os teólogos católicos mais preparados discordam respeitosamente sobre a moralidade dessas opções. Como não há uma decisão oficial definitiva a favor ou contra tais procedimentos, os católicos devem aproximar-se deles com grande cautela e cuidadosamente formar sua consciência com fidelidade às diretrizes morais determinadas pela Igreja. É recomendável que os casais discutam essas opções com um sacerdote que os ajudará a cuidadosamente considerar sua situação à luz do ensinamento moral da Igreja para discernir se devem ou não seguir o tratamento.

---

[25] Para maiores informações católicas sobre a clonagem humana e outras questões de bioética, veja o site do National Catholic Bioethics Center em: <www.ncbcenter.org>, onde estão listados por tópico.

Transferência intratubária de gametas
(GIFT, na sigla em inglês)

Nesse procedimento, o óvulo da esposa é removido cirurgicamente de seu corpo e colocado num cateter, junto com esperma de seu marido – obtido de forma moralmente ética (sem ser por masturbação), de um ato sexual prévio, com um preservativo perfurado. O óvulo e o esperma são separados por uma bolha de ar no cateter e injetados no útero da mulher, onde a fertilização pode ocorrer. Esse procedimento pode ser realizado antes ou depois do ato sexual normal. Teólogos católicos discordam sobre a moralidade desse procedimento. Alguns acreditam que ele auxilia o ato sexual normal para conseguir a procriação, enquanto outros argumentam que ele o substitui.[26]

Transferência tubária de óvulo com esperma
(TOTS, na sigla em inglês)

Esse procedimento é muito similar à GIFT. O óvulo e o esperma são coletados de maneira moralmente aceitável e colocados em um cateter separados por uma bolha de ar. Ao invés de injetá-los no útero da mulher, eles são injetados em sua tuba uterina, onde ocorre a fertilização. Pelas mesmas razões que a GIFT, teólogos católicos discordam sobre a moralidade do procedimento, então os casais estão

---

[26] Para maiores informações sobre as diferentes avaliações teológicas da GIFT (Transferência intratubária de gametas), veja: John M. Hass, "Gift? No!". *Ethics and Medics*, Pope John Center, Braintree, 18, n. 9 (set. 1993): 1-3; e Donald G. McCarthy, "Gift? Yes!", *Ethics and Medics*, Pope John Center, Braintree, 18, n. 9 (set. 1993): 3-4.

livres para procurarem essa opção médica, se a própria consciência permitir.

Inseminação intrauterina
(IUI, na sigla em inglês)

Esse procedimento só é considerado "em discussão" quando se usa o esperma do marido e se ele for obtido através do ato sexual normal com um preservativo perfurado. (O uso de um doador de esperma para a IUI, ou mesmo o esperma do marido obtido por masturbação é sempre considerado imoral pelas razões discutidas anteriormente.) Após o ato sexual normal, o esperma remanescente é coletado do preservativo perfurado e injetado diretamente no útero da mulher, escapando do cérvix e do ambiente potencialmente hostil da vagina, na esperança de que a fertilização ocorra. Esse procedimento pode ser usado para tratar condições de infertilidade em que o esperma do marido não sobrevive até fertilizar o óvulo, ou nos casos em que anomalias estruturais impedem a passagem do esperma para dentro do útero da mulher. Assim, ele pode ser admitido "se o meio técnico facilita o ato conjugal ou o ajuda a atingir os seus objetivos naturais".[27]

Adoção de embrião

Em 2002, havia cerca de 400 mil embriões humanos congelados em clínicas de fertilidade nos Estados Unidos.[28]

---

[27] Instrução *Donum Vitae*, II, B, 6.
[28] David I. Hoffman, MD et al. Cryopreserved embryos in the United States and their availability for research. *Fertility and Sterility* 79, n. 5 (maio 2003).

No Canadá o número é desconhecido.[29] No Brasil, segundo o Sistema Nacional de Produção de Embriões, a estimativa em 2015 era de que havia cerca de 150 mil embriões congelados.[*]

Não há dados mais recentes disponíveis porque não há leis específicas para as clínicas de fertilidade. Elas não são obrigadas a relatar quando embriões são criados, colocados ou retirados de estoque, ou o que é feito com eles. No Brasil, há apenas normas elaboradas em 2011 pela Agência Nacional de Vigilância Sanitária (Anvisa) e, em 2010, pelo Conselho Federal de Medicina, na busca de regulamentar o setor, o que torna ineficaz qualquer tentativa de regulação e fiscalização e permite que pouquíssimas clínicas cumpram a resolução que as obriga a fornecer informações.[**]

Mas a cada ano, desde 2002, clínicas de fertilidade por todos os Estados Unidos divulgaram ter realizado mais de 100 mil ciclos de tecnologia de reprodução assistida, cifras que certamente aumentaram muito nos últimos anos. O número de embriões produzidos está crescendo, enquanto o número de embriões transferidos diminui para reduzir

---

[29] Jessica Lukawiecki. Frozen in Limbo, *McGill Daily* (29 mar. 2011). Disponível em: <http://www.mcgilldaily.com/2011/03/frozen-in-limbo>.
[*] Cf. informações disponíveis em: <http://g1.globo.com/jornal-nacional/noticia/2015/07/jn-mostra-discussao-delicada-sobre-destino-dos-embrioes-congelados.html>. Acesso em: 4/7/2017. (N.E.)
[**] Cf. informações disponíveis em: <https://oglobo.globo.com/brasil/mais-da-metade-das-clinicas-de-reproducao-esta-irregular-5694664>. Acesso em: 4/7/2017. (N.E.)

a possibilidade de gravidez múltipla.[30] Esses pequeninos seres humanos, congelados indefinidamente, são o subproduto de uma indústria de fertilidade amplamente desregulada. Certamente seus números assombrosos cresceram substancialmente através dos anos. No Brasil, o descarte de embriões só é permitido depois de cinco anos, e se essa for a vontade do paciente. Entre 2011 e 2015 foram descartados quase 75 mil embriões no país.[*]

Essa situação levanta um sério dilema moral sobre o destino dos embriões congelados. Quais, se existem, opções morais estão disponíveis para dar a esses pequeninos seres humanos congelados uma chance de sobrevivência? Seria seriamente errado produzir embriões através de fertilização *in vitro* com o propósito explícito de doá-los a outros casais como tratamento de infertilidade. Entretanto, como esses diminutos seres humanos já existem, sem qualquer ação direta dos possíveis pais adotivos, muitos bioeticistas e teólogos católicos têm questionado se eles não poderiam ser "adotados" – de modo bem similar a seus semelhantes em estado de desenvolvimento mais avançado – por casais inférteis e terem a chance de nascer e ser criados em uma família amorosa.

Na Instrução *Dignitas Personae*, a Igreja expressou sérias reservas acerca da adoção de embriões, mas não a

---

[30] Dados obtidos de: <http://www.cdc.gov/ART/ART2006/section5.html#f64>. Acesso em: 1/5/2010.

[*] Cf. informações disponíveis em: <http://g1.globo.com/jornal-nacional/noticia/2015/07/jn-mostra-discussao-delicada-sobre-destino-dos-embrioes-congeladosht ml>. Acesso em: 4/7/2017. (N.E.)

condenou explicitamente. Em vista dessa atitude cautelosa, teólogos católicos têm discutido seus aspectos morais. Aqueles que argumentam em favor da adoção procuram declarar que, como uma criança já existe, ela é uma forma de adoção, não um tratamento para fertilidade.[31] Ela não restaura a saúde reprodutiva. Eles sustentam que ela não *auxilia* nem *substitui* o ato sexual; de fato, ela não tem nada a ver com reprodução. Teólogos que argumentam contra a adoção de embriões contestam que ela envolve os futuros pais em um processo imoral (FIV), que pode conduzir à discriminação injusta entre os embriões (qual implantar: apenas os saudáveis? Apenas os masculinos? Apenas os brancos?), e que levaria inevitavelmente à morte de muitos embriões, já que provavelmente nem todos sobreviveriam ao processo de descongelamento. No documento *Dignitas Personae*, o Vaticano fez este pronunciamento:

> Foi ainda avençada a proposta de fazer uma forma de *adoção pré-natal*, apenas para dar aos seres humanos condenados à destruição a oportunidade de nascer. Semelhante proposta, embora louvável na intenção de respeitar a defesa da vida humana, apresenta, todavia, diversos problemas, não diferentes dos acima mencionados.

---

[31] No parágrafo 19, *Dignitas Personae* claramente afirma: "A proposta de os colocar [os embriões congelados] à disposição de casais inférteis, como "terapia de infertilidade", não é eticamente aceitável, pelas mesmas razões que tornam ilícita a procriação artificial heteróloga [uso de doadores de esperma ou óvulos] e toda a maternidade substitutiva. Semelhante prática comportaria, por sua vez, outros problemas de caráter médico, psicológico e jurídico".

> Em definitivo, há que constatar que os milhares de embriões em estado de abandono determinam uma *situação de injustiça de fato irreparável*. Por isso, João Paulo II lançou um apelo à consciência dos responsáveis do mundo científico e, de modo especial, aos médicos, para que se trave a produção de embriões humanos, tendo presente que não se descortina uma saída moralmente lícita para o destino humano dos milhares e milhares de embriões "congelados", que são e permanecem titulares dos direitos essenciais e que, portanto, devem ser tutelados juridicamente como pessoas humanas.[32]

Os problemas morais envolvem adoção de embriões que foram criados de maneira imoral e potencialmente se ligam a muitas dificuldades morais, médicas, psicológicas e a questões legais para os pais biológicos, para a criança e para os pais adotivos. No geral, é uma questão muito complexa, que requer uma ampla investigação antes que uma decisão possa ser tomada.

É por isso que a Igreja tem dúvidas muito sérias sobre a moralidade da adoção de embriões. Em referência ao documento *Dignitas Personae*, a Conferência dos Bispos Católicos dos Estados Unidos (USCCB) declarou:

> Propostas para "adoção" de embriões congelados abandonados ou rejeitados também representam problemas, porque a Igreja se opõe ao uso de gametas ou corpos de outros fora do enlace matrimonial para a reprodução. O documento levanta advertências ou problemas sobre

---
[32] Instrumento *Dignitas Personae*, 19.

estas novas questões, mas não faz formalmente um julgamento definitivo sobre eles.[33]

Como resultado, católicos que possam considerá-la como uma forma de adoção (não como um tratamento de infertilidade) precisam proceder com extrema cautela e com o conselho especializado de um padre ou teólogo qualificado nessa área.[34]

Esperança no deserto

Algumas alternativas médicas moralmente inaceitáveis discutidas anteriormente (obter esperma pela masturbação, procedimentos heterólogos, ZIFT, ICSI, FIV e clonagem humana) podem parecer tratar a infertilidade, mas, ao invés disso, elas desviam das causas da infertilidade e concebem uma criança fora da união matrimonial. Como a miragem de um oásis oferece a falsa esperança para um sedento viajante do deserto, esses tratamentos de

---

[33] USCCB. Questions and Answers: The Instruction *"Dignitas Personae*: On Certain Bioethical Questions" (9 dez. 2008). Disponível em: <http://www.usccb.org/comm/Dignitaspersonae/Q_and_A.pdf>. Acesso em: 5/12/2009.
No Brasil existe uma publicação análoga, publicada pela Conferência Nacional dos Bispos do Brasil (CNBB): <http://www.edicoescnbb.com.br/colecoes/estudos-da-cnbb/estudos-da-cnbb-98-questoes-de-bioetica>.

[34] Para uma boa discussão de ambos os lados dessa questão, veja Richard Grebenc, Frozen Embryo Disposition: The Catholic Discussion. Disponível em: <http://duq.academia.edu/RichardGrebenc/Papers/601103/_Frozen_Embryo_Disposition_The_Catholic_Discussion>. Veja também: Padre Tadeusz Pacholczyk, Ph.D. What Should We Do with the Frozen Embryos? Disponível em: <http://www.catholiceducation.org/arcticles/medical_ethics/me0137.htm>. Andrea Kirk Assaf, The Absurd Fate of Frozen Embryos: Interview with Law Professor Brian Scarnecchia. Disponível em: <http://www.zenit.org/e-28463>.

fertilidade podem oferecer uma falsa esperança e nos afastar do rumo que deveríamos seguir. Viajantes sedentos no deserto costumam ver miragens de água a distância. Raios de luz se dobram nas diferenças extremas de temperatura que normalmente podem ser encontradas em diferentes camadas do ar do deserto e uma imagem do céu refrata no solo parecendo-se com água. Uma pessoa que está morrendo de sede pode considerar fazer qualquer coisa para beber daquela água, ainda que seja apenas uma possibilidade remota. Da mesma forma, quem tem um desejo insaciável por um filho e, às vezes, sente que poderia morrer se não o conceber, considera fazer praticamente qualquer coisa para gerar uma criança e manter uma gravidez saudável. É tentadoramente fácil permitir que nossas emoções extremas distorçam a verdade. Quando diferentes alternativas médicas acenam com a possibilidade de uma gravidez saudável à nossa frente, ainda que seja apenas uma possibilidade remota, achamos extremamente difícil resistir.

Esses meios moralmente inaceitáveis são desvios no deserto, caminhos que nos arrastam para longe da vontade de Deus. Apesar de frequentemente conduzirem à gravidez, o fazem de um jeito que não foi o pretendido por Deus. O fim não justifica os meios. É tentador dizermos a nós mesmos que Deus nos quer felizes, que Deus deseja que tenhamos crianças, e que talvez Deus permitisse o uso de ARTs, já que elas podem ajudar a conceber. Ao longo de nossa jornada no deserto da infertilidade, podemos constantemente nos achar incorrendo no mesmo questionamento: Qual é a vontade de Deus? Nossa fé católica nos diz que Deus nunca desejaria que fizéssemos algo que fosse objetivamente errado moralmente. Então, a vontade de Deus deve ser outra coisa.

O severo sofrimento emocional causado pela infertilidade pode levar a pensarmos: "Gravidez a qualquer custo!". De fato, quanto mais tempo, dinheiro e energia emocional investimos em tentar engravidar e gerar uma criança saudável – um desejo muito natural e bom em si mesmo –, mais difícil pode ser para tomar a decisão de parar de tentar. Podemos erroneamente começar a acreditar que temos direito a um filho, como se filhos fossem posses. "A Igreja reconhece a legitimidade do desejo de ter um filho e compreende os sofrimentos dos cônjuges angustiados com problemas de infertilidade. Tal desejo, porém, não pode antepor-se à dignidade de cada vida humana, a ponto de assumir o domínio sobre ela. O desejo de um filho não pode justificar a sua 'produção'" através de meios inaceitáveis.[35] Crianças são presentes que não podem ser exigidos, apenas recebidos com respeito e reverência da mão do verdadeiro Artífice da Vida, o próprio Deus.

Ainda assim, não importa como nossos filhos venham a nós, Deus é fiel. Independentemente de quando ou como a concepção ocorra, mesmo que por meios imorais, apenas Deus é o Criador e Redentor da raça humana.

---
[35] Instrução *Dignitas Personae*, 16.

Com efeito, é por bondade – para indicar o caminho da vida – que Deus dá ao homem os seus mandamentos e a graça de observá-los; como é também por bondade – para ajudá-los a perseverar no mesmo caminho – que Deus sempre oferece a todos os homens o seu perdão. Cristo tem compaixão de nossas fraquezas: ele é nosso Criador e nosso Redentor.[36]

Embora certas tecnologias reprodutivas possam jamais ser moralmente aceitáveis, "toda criança que vem ao mundo deverá, em qualquer caso, ser acolhida como um dom vivo da bondade divina e deverá ser educada com amor".[37] Crianças concebidas através de ARTs não são culpadas pelas circunstâncias acerca da sua concepção. Seus pais as amam e a Igreja as acolhe como filhas de Deus. Por mais que seus pais possam ter tomado uma decisão imoral, essas crianças são dons de Deus.

Muitos casais católicos que conceberam crianças por ARTs o fizeram sem qualquer conhecimento prévio dos ensinamentos da Igreja. Sob o extremo desgaste emocional que a infertilidade traz, muitos católicos tomam as melhores decisões médicas possíveis, com base nas informações de que dispõem no momento. "Se um casal não está ciente de que o procedimento é imoral, eles não são subjetivamente culpados de pecado."[38] No entanto, eles ainda se podem perturbar quando tomam ciência dos ensinamentos da Igreja sobre a forma que escolheram para conceber

---

[36] Instrução *Donum Vitae*, Introdução, 1.

[37] Ibid., II, B, 5.

[38] Hass, Begotten Not Made: A Catholic View of Reproductive Technology, cit.

uma criança. Adicionalmente, certamente há alguns casais católicos que sabiam dos ensinamentos da Igreja antes de conceberem seus filhos através de ARTs, mas que nunca compreenderam a razão por trás dessas diretrizes. Por isso, o melhor para os casais é informar-se sobre os ensinamentos da Igreja nessas matérias e compreender as razões morais envolvidas antes de procurar tratamento. Embora seja verdade que as pessoas devem sempre seguir a sua consciência, como católicos temos a responsabilidade de formar nossas consciências corretamente de acordo com os ensinamentos de Cristo e da Igreja. Essa doutrina não deve ser observada levianamente ou dispensada por causa de um ardente desejo de conceber um filho.

Apesar de ser compreensivelmente difícil para os pais reavaliarem as decisões sobre a concepção de seus filhos, a integridade moral exige honestidade. Apesar de doloroso, é possível e louvável olhar para trás, para suas escolhas – e não para as crianças que resultaram delas –, e admitir que elas foram erradas. O remorso por uma decisão de usar ARTs não implica que um pai ou uma mãe se arrependa da gravidez. Pelo contrário, pode ser um ato de altruísmo para com seu filho avaliar honestamente as circunstâncias envolvendo sua concepção e desejar ter feito melhores escolhas para ele, escolhas que lhe garantissem a dignidade que merecia.

Se você se encontra nessa situação, saiba que Jesus está esperando que se volte para ele com honestidade e procure seu amor que cura. Lembre-se, *ele te ama e anseia por você ainda mais que você por um filho*. Ele esteve ao seu lado a vida toda. Ele conhece o seu coração melhor que você mesma. Encontre um padre que esteja ciente dessas questões e converse com ele. Se você conhecia a doutrina da Igreja antes de conceber seu filho, por favor, em espírito de oração, considere celebrar o perdão de Deus através do sacramento da Confissão. Nada está fora dos limites do perdão de Deus.

Questões para reflexão e discussão

- Você sabe reconhecer os sinais que ocorrem naturalmente no período fértil em seu ciclo (no de sua esposa)? Se não, você pode receber treinamento para que possa usar o ato sexual orientado à fertilidade para tentar alcançar a gravidez. (Veja os recursos no Apêndice D.)
- Qual é a sua reação ao saber que há um instituto médico inteiramente dedicado a tratar a infertilidade de acordo com a doutrina moral da Igreja Católica? Você consideraria procurar um médico de NaProTechnology ou entrar em contato com o Instituto Papa Paulo VI para os Estudos da Reprodução Humana, com o objetivo de fazer uma avaliação médica e tratamento?
- Antes de ler este capítulo, qual era o seu entendimento dos ensinamentos da Igreja sobre ARTs? O que você pensava sobre esses procedimentos? Agora que está totalmente a par da doutrina da Igreja sobre as ARTs e a razão por trás dela, como você avalia esses tratamentos?
- O que você gostaria de compartilhar com seu/sua esposo/a a respeito de sua reflexão?

Para amigos e familiares

É incrivelmente difícil assistir a uma pessoa querida sofrer com a infertilidade. As decisões médicas que essa pessoa precisa encarar são complicadas e intrincadas, então, naturalmente, se você sabe de alguma coisa que talvez possa ajudar, seu primeiro instinto pode ser o de compartilhar essa informação. Eu ofereceria uma palavra de advertência aqui. Só porque um tratamento apareceu no noticiário ou ajudou um amigo não significa que seja apropriado para o seu ente querido. No entanto, informação sólida é uma coisa boa. Ao invés de oferecer seu próprio conselho médico, pode ser mais útil apenas dar a ele ou ela uma cópia deste livro. Então, a pessoa pode pesquisar as informações por si mesma e informar-se sobre todas as opções para discutir com o médico dela (ou procurar outro médico).

Oração

Mostra-me, Senhor, o teu caminho,
para eu caminhar na tua verdade;
faze que meu coração tema só o teu nome.
Eu te darei graças, Senhor, meu Deus, de todo o coração
e darei glória a teu nome sempre.

(Salmo 85[86],11-12)

CAPÍTULO 5

Lidando com a raiva

> Vendo que não conseguia dar filhos a Jacó,
> Raquel ficou com ciúmes da irmã e disse a Jacó:
> "Dá-me filhos, senão eu morro!".
> (Gênesis 30,1)

Quando passei pela infertilidade, fiquei com muita raiva de Deus. Eu tinha trinta e oito anos quando encontrei e me apaixonei por J. Deus havia atendido às minhas preces para encontrar um marido, mas não no momento certo. Meu marido e eu queríamos desesperadamente ter um bebê. Embora minha mãe e várias outras mulheres na minha família tenham dado à luz após os quarenta anos, eu não fui capaz de conceber. Senti como se Deus estivesse dizendo: "Na-na-ni-na-não. Pra você, não". Isso realmente doeu.

Minha raiva anuviou minha perspectiva. Queria ficar grávida e ter um bebê, um filho cujo ser refletiria o amor entre meu marido e eu. Achei que, se não pudéssemos ter isso, jamais seríamos felizes. Esse era o meu grande problema em aceitar a infertilidade. Mas Deus me mostrou que eu estava errada.

> Ele usou minha tia, cujo espírito era alegre, apesar de anos de um tremendo sofrimento pessoal, para me ensinar que mesmo que eu ficasse triste devido à infertilidade, poderia ser feliz de outras formas. Ganhei alguma perspectiva e nós somos muito felizes! Deus nos deu duas crianças através da adoção, e não podemos imaginar nossa vida de outra forma. Sou muito grata por Deus ter finalmente atendido as nossas orações de acordo com o seu plano, e não o meu.
>
> – B. J.

Nuvens da tempestade no céu

Quando a dura realidade se instala e um casal reconhece sua infertilidade, talvez escolhendo um médico e dando início a um tratamento, a raiva normalmente surge. Quando não podemos mais negar nossa infertilidade, talvez queiramos afastá-la de nós o máximo que conseguirmos. Nesse processo, podemos também afastar todas as pessoas e coisas que nos lembrem da nossa dor. Evitei ir ao salão de beleza por quase um ano porque minha cabeleireira sempre me perguntava quando eu teria filhos. Por fim, acabei simplesmente escolhendo outra. Às vezes, as pessoas faziam comentários impensados ao meu marido também, observações que eram muito dolorosas. Infelizmente é impossível escapar de grávidas desconhecidas no shopping, bebês na missa e Dia das Mães e dos Pais

– aqueles temidos dias de luto para casais que enfrentam a infertilidade.

Outra fonte de frustração e dor geralmente surge quando casais procuram por amigos e familiares em busca de apoio. Em vez disso, recebem conselhos indesejáveis ou inúteis. As sugestões podem ir do ridículo – "calce meias da próxima vez" – ao irritante – "apenas relaxem que irá acontecer". Nunca esquecerei o dia em que uma médica me disse isso. Eu me debulhei em lágrimas no momento em que ela falou aquilo e, então, disse que não gostei do conselho dela, que eu não deveria ser culpada pela minha infertilidade. Uma amiga minha, passando pelo mesmo problema, tinha uma resposta pronta para essa situação. Ela dizia: "O estresse não causa infertilidade, a infertilidade é que causa estresse". O relaxamento desaparece quando a intimidade com seu esposo parece que se transformou num experimento científico.

As mudanças que acontecem na intimidade do casal criam um estresse adicional. Os esposos podem afastar um ao outro para fugir da realidade da sua infertilidade. As piores discussões do casamento podem ocorrer nesse momento e, lamentavelmente, muitos deles podem ruir. A tensão provocada pela infertilidade é como uma enorme e violenta tempestade se formando no deserto, que pode deixar um rastro de destruição emocional na sua passagem. Pode até mesmo ser difícil tentar engravidar durante essa fase da jornada, porque a concepção requer o ato sexual e pessoas irritadas não são boas companhias umas para as outras. Lembro-me de noites em que dizia a meu marido: "Não me interessa se estamos no meio de um desentendimento. Eu estou ovulando!". A raiva pode ser bem ridícula às vezes.

Não obstante, costuma ser difícil ficarmos iradas com cada fibra do nosso ser e não culpar alguém, em algum lugar. Muitas pessoas começam a culpar Deus por sua infertilidade. Afinal, ele está no comando, não é? E foi ele quem abençoou nossos primeiros pais, Adão e Eva, dizendo: "Crescei e multiplicai-vos". Muitos católicos cresceram com a noção de que Deus prefere famílias grandes. O *Catecismo da Igreja Católica* atesta: "A Sagrada Escritura e a prática tradicional da Igreja veem nas *famílias numerosas* um sinal da bênção divina e da generosidade dos pais".[1] Quanto mais crianças, ao que parece, melhor.

Os casais geralmente acreditam que estão tentando cumprir a vontade de Deus, ao tentarem engravidar, mas se sentem frustrados quando encontram obstáculo após obstáculo. Eles podem facilmente racionalizar: "Se Deus quisesse, eu engravidaria. Por que ele está me punindo?". Por mais que esses pensamentos e sentimentos sejam compreensíveis, e embora Deus certamente possa lidar com a nossa raiva, não é culpa dele. Deus não deseja ou quer a infertilidade de ninguém. O painel de controle de Deus não tem um botão de "raio destruidor". Deus deseja apenas felicidade para nós, seus filhos amados.

---

[1] CIC, 2373.

Outra complicação comumente encontrada nessa conjuntura é que os esposos reagem diferentemente. Um pode estar ainda em estado de negação, enquanto o outro já está passando pelo de raiva. Os esposos podem ir e vir entre os diferentes sentimentos com a nova onda de realidade que cada período traz, e lidar com suas emoções de maneira bastante diferentes. Embora a infertilidade afete a ambos enquanto casal, também afeta a cada um individualmente. Cada esposo tem sua própria visão do que a paternidade/maternidade seria e, portanto, cada um sofre sua própria perda singular.

Pode ser muito útil nesse momento procurar uma terceira pessoa para obter apoio emocional, como um padre ou diretor espiritual que possa oferecer uma perspectiva que seu esposo pode não ser capaz de dar. Um diretor espiritual é como um conselheiro de oração que pode ajudar a compreender sua experiência à luz da sua relação com Deus e no contexto da sua fé. Talvez seu pároco ou um membro das pastorais da sua paróquia possam recomendar alguém. Se a primeira pessoa com quem você falar não ajudar, tente outra. Não desista.

Rezar também pode trazer grande alívio. Comece a rezar com seu esposo, se ainda não o estiver fazendo. Peça a seu pároco para rezar por vocês e talvez incluir orações por outros casais inférteis na Oração Universal da missa de tempos em tempos, especialmente no Dia das Mães e dos Pais e durante os tempos do Advento e Natal. Se você não se confessa há algum tempo, considere celebrar esse maravilhoso sacramento de cura. Mesmo que já não se confesse há anos, tente não se intimidar. Pense nisso como uma oportunidade de receber o abraço amoroso de seu Deus, que o espera com grande afeição. Apenas diga ao padre que faz muito tempo que se confessou e peça que lhe ajude. Ele lhe dirá exatamente o que fazer e a sensação de alívio pode ser surpreendente.

Compartilhar suas frustrações com um ouvinte imparcial também pode fazer com que sua raiva lentamente se dissipe, à medida que ele passe a dividir o fardo com você. Entretanto, você pode e deve manter as linhas de comunicação abertas com seu esposo e devem se apoiar um ao outro. Eu frequentemente percebia que, quando estava paralisada pelo medo, meu marido se sentia confiante. Ou que, quando ele estava irritado, eu havia encontrado um momento de paz. Às vezes um de nós é capaz de dar ao outro o que ele precisa. Esse dar e receber, essa partilha do fardo, pode unir os dois, dissipar um pouco da ira e, ao mesmo tempo, fortalecer seu casamento.

Questões para reflexão e discussão

- Você se sente irritada quanto à infertilidade? Se sim, nomeie todos os aspectos sobre os quais sente raiva.
- Descreva exatamente como você se sentiu no começo, no meio e no fim de cada ciclo, quando percebia que não tinha engravidado.

- Que pessoas e situações você evita por causa da infertilidade?
- Você culpa Deus por sua infertilidade? Explique.
- Há alguém na sua paróquia com quem você poderia conversar sobre sua infertilidade? Se não, sabe de algum outro lugar onde buscar apoio?
- Como a infertilidade afetou sua relação com seu/sua esposo/a? Se necessário, você está disposto/a a trabalhar junto com seu cônjuge para resolver isso? Como isso pode ser conseguido?
- O que você gostaria de compartilhar com seu/sua esposo/a a respeito de sua reflexão?

Para amigos e familiares

Mesmo com a melhor das intenções, por favor, nunca diga: "Apenas relaxe que vai acontecer". Nada que você diga pode ajudar sua amiga ou parente a relaxar, se ela está estressada e, ao contrário da crença popular, nenhum estudo médico jamais provou que o estresse cause infertilidade. Esse comentário pode soar como se você estivesse dizendo que ela é a culpada por não engravidar e, claro, essa não era sua intenção. E quanto à última parte, "... vai acontecer", bem, essa é difícil. Pode não acontecer. Esse é o maior medo da pessoa e a causa do estresse. Seria melhor dizer: "Se houver qualquer coisa que eu possa fazer, ou se você quiser conversar, apenas me avise. Estarei rezando por você".

Oração

Senhor, Deus meu salvador,
diante de ti clamei dia e noite.
Chegue à tua presença minha oração,
presta atenção ao meu lamento.
Pois estou saturado de desgraças,
minha vida está perto do túmulo.
Sou contado entre os que descem ao fosso,
é entre os mortos minha morada.
Por que, Senhor, me rejeitas,
por que me escondes teu rosto?
Afastaste de mim amigos e colegas;
só as trevas me fazem companhia.

(Salmo 87[88],2-5a.6a.15.19)

CAPÍTULO 6

Lidando com a tristeza

> Então, Elcana, seu marido, lhe disse:
> "Ana, por que estás chorando e não te alimentas?
> E por que se aflige o teu coração?
> Acaso não sou eu melhor para ti do que dez filhos?".
> (1 Samuel 1,8)

Após anos de infertilidade, engravidei. Quando descobri, fiquei em êxtase. Mas perdi o bebê após seis semanas de gravidez. Esse evento foi muito traumático e devastador – toda a minha felicidade indo embora com a descarga do vaso sanitário. Senti como se um tornado tivesse passado pela minha vida, me levado e me arremessado de volta à terra sem paraquedas. Eu estava esparramada pela calçada, catando meus pedaços na tentativa de me sentir inteira novamente. Estava completamente sozinha nessa batalha. Eu me sentia exausta e deprimida.

Odiava sentir-me assim tão fraca. O que seria de mim se eu falhasse em me reerguer do chão e me recuperar, se a

> escuridão vencesse minha alma despedaçada? Minha energia e motivação aumentavam e diminuíam a cada mês, à medida que a esperança de gravidez se transformava em falha. Lentamente, a amargura de meus esforços em vão ofuscaram o meu coração. Eu queria lutar, mas como? Quem seria a minha força, se eu tinha tão pouca. Eu rezava: "Deus, me ajude. Por favor, por favor, abençoe-nos com um bebê logo e, por favor, faça com que ele viva".
>
> – M. L.

A tempestade finalmente cai

Muitos casais lutando para engravidar não experimentam a tristeza imediatamente. Medo, terror, dúvida, incerteza, choque, negação, raiva – todos esses sentimentos deixam pouco espaço para a tristeza no começo. Mas, se entregarmos esses sentimentos *para* Deus, ao invés de direcioná-los *contra* ele, o Senhor nos acolherá no momento em que o procurarmos para nos ajudar. E nesse abraço com Deus, podemos finalmente deixar as lágrimas rolarem como uma chuva de tristeza no deserto. Por meses, minha vida de oração se reduziu a cinco palavras soluçantes: "Senhor, estou tão triste!". Eu não conseguia dizer mais nada.

A tristeza chega quando os casais param de evitar a realidade da infertilidade e começam a admiti-la. Essa tristeza vem das diversas perdas envolvidas na infertilidade, e cada esposo pode sentir essas perdas em graus variados.

Minha tristeza mais profunda era causada pela percepção de perder a experiência da gravidez. Queria tanto estar grávida que sonhava com isso à noite, só para acordar de manhã para minha triste realidade. Para alguns, a perda da continuidade da sua linhagem sanguínea familiar pode causar a maior tristeza. Para outros, nada pode ser pior que não ser capaz de conceber um filho com seu/sua esposo/a. A causa particular da tristeza pode diferir entre os esposos, mas o sentimento é o mesmo.

A tristeza também pode trazer sintomas físicos: insônia ou sonolência; perda de apetite ou compulsão alimentar; perda de interesse em coisas que antes traziam bem-estar; letargia e fadiga; dores físicas e mal-estar; náusea; e, claro, prolongadas crises de choro. Os esposos podem começar a ficar acordados até tão tarde que talvez desmaiem de exaustão, ao invés de encarar os pensamentos que podem torturá-los quando deitam a cabeça no travesseiro. Ou eles podem não querer levantar da cama. Algumas pessoas perdem ou ganham uma significativa quantidade de peso devido a péssimos hábitos alimentares. Outros podem parar de se socializar com amigos ou desistir de *hobbies* que costumavam amar. É muito comum deixar de lado tarefas como cozinhar ou lavar roupas. Algumas pessoas começam a sofrer de dores de cabeça, pescoço e costas por tensão. Eu me sentia doente o tempo todo. Qualquer discussãozinha com meu marido me fazia mergulhar em ondas de náusea. Era uma versão cruel do enjoo matinal típico da gravidez.

Pessoas sofrendo com alguns desses severos sintomas talvez pensem em procurar ajuda profissional para depressão. A comunidade médica está começando a reconhecer que muitas pessoas passando por infertilidade sofrem de um tipo de depressão clínica comumente identificada como "depressão de infertilidade". De fato, mulheres enfrentando a infertilidade demonstram sofrer depressão nos mesmos níveis que mulheres que encaram doenças graves como o câncer e problemas cardíacos.[1] Procurar um conselho profissional ou terapeuta que seja especialista em tratar pacientes que sofrem de depressão induzida pela infertilidade pode se mostrar útil para algumas pessoas.

Alguns amigos e familiares podem não saber o que dizer e, às vezes, inadvertidamente, ferir nossos sentimentos muito profundamente. Esses relacionamentos podem passar por dificuldades durante algum tempo, mas bons amigos terão compaixão e irão querer saber o que fazer para ajudar. É compreensível recusar convites para chás de bebê e desviar das seções de gestantes e bebês nas lojas de departamento, mas algumas situações são difíceis de evitar. Eu me debulhei em lágrimas num jantar de Ação de Graças, quando todo mundo inocentemente decidiu assistir à filmagem do primeiro banho do meu sobrinho. Chorei por quase uma hora. O mais temido de todos era aquele breve momento de manhã quando meu corpo começava

---

[1] Veja A. D. Dormar et. al. The psychological impact of infertility: a comparison with patients with other medical conditions. *Journal of Psychosomatic Obstetrics and Gynaecology* 14 (1993): 45-52.

a despertar, mas minha mente ainda estava um pouco atrasada, e por poucos momentos de semiconsciência eu esquecia que era infértil, apenas para ser atingida pelo frio bloco de gelo da minha nova realidade.

Minha irmã mais velha, uma colega de viagem nesse deserto, me disse certa vez que infertilidade significa aprender a viver na companhia da Tristeza, que se pode tornar uma coisa viva e ganhar uma existência própria. Essa Tristeza nunca se vai completamente. De vez em quando, a Tristeza misericordiosamente se retira para os cantos escuros da nossa vida. Outras vezes, sem aviso, ela senta em cima de nós e tira nosso fôlego.

A tristeza reconhece o valor do que se perdeu e admite que pode estar perdido para sempre. Sinto informar isso com tanta frequência, alguns aspectos da tristeza podem jamais deixar por completo um casal, a menos que eles possam alcançar e sustentar uma gravidez saudável. Assim como a perda de um ente querido pode lhe deixar triste por décadas, o mesmo acontece com a infertilidade. Mas isso não significa que você passará cada dia do resto de sua vida chorando. Mesmo que você nunca engravide, a dor e a tristeza eventualmente vão se dissipar num certo nível. Leva muito tempo, e a custo de muita oração. Não tem outro jeito. Não há como evitar. Você simplesmente tem que passar por isso.

É nos recantos mais profundos de escuridão, tristeza e vazio que você pode encontrar a Cristo. Por ter se tornado completamente humano e ter amado tanto a ponto de morrer por você, Cristo pode entender completamente os sombrios alcances do seu sofrimento. Ele sabe o que você está passando e sabe exatamente como as coisas irão se concluir. Esteja você interessada ou não na graça que Cristo lhe oferece a qualquer momento, ele irá esperar pacientemente que você se arraste até o seu colo e chore.

Eu chorava para Jesus por uma hora toda manhã no caminho para o trabalho e, por mais uma hora, no caminho de casa. Minha diretora espiritual, muito versada no entender o coração das mulheres, me fez uma interessante pergunta. Ela queria saber que aspecto da vida de Cristo, que imagem dele de todas as histórias que eu já tinha ouvido na missa ou lido na Bíblia eu relacionava mais com a tristeza. Eu me senti atraída pela imagem de Cristo no deserto. Na minha mente, meu marido e eu estávamos no deserto com Cristo, e estávamos desesperadoramente perdidos. Estava chovendo no deserto – uma tempestade de água e areia carregada pela ventania. Tínhamos de fechar nossos olhos, abaixar nossas cabeças e nos abraçarmos para enfrentar a tormenta. Em nossa aflição, não podíamos ver o caminho que estava à nossa frente. Tudo que podíamos fazer era desajeitadamente buscar nos agarrar um ao outro com uma mão e segurar no manto de Cristo com a outra, tropeçando atrás dele rumo ao que quer que o futuro nos reservasse. Pela oração, Cristo continuamente me levava de volta a essa cena, de nós o seguindo através do deserto. Apesar de o caminho atrás dele ser difícil, saber que estávamos seguindo o Senhor nos deu esperança.

Questões para reflexão e discussão

- Você falou com seu/sua esposo/a sobre seus sentimentos de tristeza? Elabore.
- Desde que você começou a lidar com a infertilidade, houve alguma festividade que tenha sido particularmente difícil? Descreva a sua experiência.
- De todas as perdas associadas com a infertilidade descritas no capítulo 1, qual parece mais triste? Descreva seus sentimentos.
- Você sente algum sintoma físico decorrente da tristeza? Como você descreveria a tristeza de seu/sua esposo/a?
- Que aspecto da vida de Cristo – que imagem dele de todas as histórias que já ouviu na missa ou leu na Bíblia – você sente que tem maior conexão com a sua tristeza? Descreva essa imagem e deixe que ela permaneça em suas orações.
- O que você gostaria de compartilhar com seu/sua esposo/a a respeito de sua reflexão?

Para amigos e familiares

Seja o mais sensível que puder à tristeza que seus entes queridos possam estar experimentando. Eventos que normalmente são ocasiões felizes para outras pessoas, como festividades, chás de bebê, batismo, festas de família – em resumo, tudo que envolva bebês e crianças pequenas – podem ser particularmente difíceis para eles. A felicidade de outras pessoas pode às vezes lembrá-los da sua infelicidade. Não leve a mal se eles recusarem os convites para festas ou eventos que envolvam crianças. Ao invés disso, tente passar um tempo com eles de alguma outra maneira, numa ocasião em que o foco não esteja em crianças.

Oração

Piedade de mim, Senhor, pois estou angustiado;
definham de tristeza minha vista,
o corpo e a alma.
Pois minha vida se consome entre aflições
e meus anos entre gemidos,
decaiu pela miséria minha força,
meus ossos se consomem.
De meus adversários me tornei o opróbrio,
alvo de zombaria para os vizinhos,
de terror para meus conhecidos:
quem me vê pela rua, foge de mim.
Caí no esquecimento como um morto, sem vida;
não sou mais que uma coisa inútil.

(Salmo 30[31],10-13)

CAPÍTULO 7

Inveja, vergonha, culpa e acusação

> Algum tempo depois, sua esposa Isabel ficou grávida e permaneceu escondida durante cinco meses; ela dizia: "Assim o Senhor fez comigo nestes dias: ele dignou-se tirar a vergonha que pesava sobre mim".
> (Lucas 1,24-25)

Eu não conseguia entender por que eu tinha que passar pela infertilidade, quando parecia que todo mundo à minha volta estava ficando grávida só de abaixar para amarrar os sapatos. Por mais que desejasse ficar feliz pelas parentes e amigas que engravidavam, eu não conseguia evitar a frustração, o ressentimento e até mesmo a raiva, porque aquilo parecia muito injusto. Acho que elas ficavam atônitas quando vinham contar-me suas novidades inadvertidamente e eu não conseguia esconder minhas lágrimas, ou quando elas vinham reclamar comigo de suas dores e desconfortos associados à gravidez.

Eu só pensava: "Como ousam? Elas não sabem o quanto têm sorte e são abençoadas? O que eu não daria para estar sofrendo com enjoos matinais e tornozelos inchados!".

Esgotei meu cérebro tentando pensar em todas as coisas pelas quais poderia me culpar, coisas que poderiam ter alguma relação com a minha infertilidade. Eu me sentia tão culpada de ser menos mulher para meu marido, incapaz de formar uma família com ele. E me sentia incrivelmente egoísta por não querer adotar. Apesar de haver tantas crianças maravilhosas por este mundo precisando de bons pais, tudo que desejava ardentemente era a experiência de ficar grávida de uma criança que eu e meu marido concebêssemos juntos.

Eu ficava perguntando para Deus: "Por que eu?". Por que sentia como se Deus estivesse ignorando as minhas preces e me abandonando? Não era com Deus que eu poderia sempre contar, em qualquer circunstância? Eu não tinha sido uma boa católica e vivido uma vida moralmente reta? Não fui sempre fiel à minha fé, apesar de todos os testes passados? Por que Deus não podia simplesmente nos dar um bebê? Sentia que Deus estava me punindo por algo que teria feito. Num dia particularmente emocional, durante o trajeto para o trabalho, quando todas essas questões estavam rodopiando na minha cabeça, senti uma incrível calma cair sobre mim. Finalmente me dei conta de que não importava o quanto pensasse estar no controle desse processo, pois isso não dependia de mim. Estava tudo nas mãos de Deus. Dependia dos planos dele eu me tornar ou não mãe algum dia.

> Embora a ideia ainda fosse muito difícil de aceitar, isso me permitiu relaxar um pouco. Também permitiu que me perdoasse por todos os sentimentos de inveja, vergonha, culpa e acusação que estava tendo. Percebi que, na verdade, era natural me sentir daquela forma. Também me tornei mais empática a outras mulheres passando pela infertilidade. Sou agora membro de um grande grupo de apoio à fertilidade na minha igreja. Mas, mais que tudo, ter experimentado esses sentimentos me ajudou a desfrutar plenamente cada momento da minha gravidez e o nascimento e a vida da minha filha. Quando olho para ela todos os dias, sei que foi melhor esperar pelo tempo de Deus. E não posso imaginar as coisas de outra forma.
>
> – M. G.

Contemplando nossa própria fraqueza

A imagem de Cristo no deserto gradualmente se tornou uma fonte de conforto para mim. Mesmo que eu não soubesse aonde estava indo, Cristo sabia. E ainda, eu também me sentia atraída para Cristo ao imaginá-lo com o manto e a coroa de espinhos – a imagem dele sendo escarnecido e envergonhado por seus torturadores no caminho para a cruz. Inicialmente, a imagem me surpreendeu. Mas, então, percebi que me sentia escarnecida e envergonhada com meu próprio corpo.

Vergonha e constrangimento são comuns na infertilidade. Eles fazem parte da tristeza. É normal que um ou ambos os esposos se sintam envergonhados. A esposa se sente envergonhada por não conseguir engravidar, ou o marido se sente envergonhado por não conseguir ser pai do filho de sua mulher. Ambos podem sentir que seus corpos falharam na tarefa mais significativa para a qual foram criados. Um homem pode sentir como se fosse menos homem, e uma mulher pode sentir como se fosse menos mulher. Claro, isso não é verdade. Ainda assim, os poderosos sentimentos de vergonha, culpa, inadequação, constrangimento, incompetência e mesmo deficiência permanecem, e podem ter um impacto forte na intimidade do casal. Tais sentimentos podem ser ampliados, se a infertilidade for devida a uma doença sexualmente transmissível, abortos previamente realizados[1] ou uso pregresso de contraceptivos.

Embora esses fatores certamente não estejam sempre presentes, eles podem contribuir para a infertilidade. Doenças que ainda não são discutidas abertamente, como

---

[1] Se sua vida foi tocada pela perda de uma criança por aborto, você não está sozinha. Há esperança e cura disponível. O Projeto Raquel é um ministério da Igreja Católica que busca alcançar as pessoas que sofreram essa perda traumática. Você pode encontrar maiores informações *on-line* em: <http://www.hopeafterabortion.com>. No Brasil, o Projeto Raquel está disponível no site: <http://www.projetoraquel.org.br/>. Em alguns países também há um ministério chamado "Vinha de Raquel", em que são oferecidos retiros de fim de semana para dar alívio à dor que é comum a muitas pessoas após o aborto. Nos Estados Unidos, o site é: <http://www.rachelsvineyard.org> e em Portugal: <http://www.vinhaderaquel.org/>.

clamídia e gonorreia, comumente levam à infertilidade.[2] Infelizmente, o estigma atrelado a essas e outras DSTs é talvez ainda maior que o da própria infertilidade. O fato de serem doenças notoriamente difíceis de rastrear talvez seja um mal menor, especialmente se ambos os esposos estão infectados e têm um histórico de atividade sexual fora do casamento. Adicionalmente, embora a maioria das mulheres que passam por um aborto não seja informada, isso pode afetar sua futura fertilidade.[3] Pode ser emocionalmente devastador para uma mulher olhar para trás, para uma gravidez que ela escolheu interromper, e perceber que aquilo pode ter provocado sua atual infertilidade. Finalmente, ainda que não seja comum, o uso progresso de contraceptivos orais também pode contribuir para a infertilidade.[4]

Nesse ponto, é fácil ceder ao impulso de culpar a si mesma ou a seu esposo, mas essa é uma tentação a se evitar. Certos diagnósticos às vezes tornam tentador jogar a culpa em alguém. Um pode se culpar, pensando: "Se eu não tivesse insistido em esperar tanto para começar a tentar,

---

[2] A clamídia e a gonorreia podem causar infecções no útero e nas tubas uterinas, levar a doenças inflamatórias pélvicas e resultar em infertilidade, além de possíveis complicações durante a gravidez. Ver: G. R. Huggins, V. E. Cullins. Fertility after contraception or abortion. *Fertil Steril* 54, n. 4 (out. 1990): 559-73.

[3] Para uma discussão aprofundada da relação entre aborto e infertilidade, veja: "Impact on Subsequent Pregnancies" e "Future Fertility" no livro de Elizabeth Ring-Cassidy e Ian Gentles: *Women's Health after Abortion*. 2. ed. Toronto: deVerber Institute, 2003.

[4] G. R. Huggins, V. E. Cullins. Fertility after contraception or abortion. *Fertil Steril* 54, n. 4 (out. 1990): 559-73.

talvez teríamos sido capazes de engravidar. É minha culpa". Ou pior, um pode nutrir ressentimento pelo outro, pensando: "Se ela não tivesse feito sexo com tantas pessoas antes de nos casarmos, talvez não tivesse contraído essa infecção que a tornou infértil. É culpa dela". Muitos homens e mulheres que perderam filhos através de um aborto têm dificuldade em achar o caminho para sair da escuridão de seus sentimentos de remorso e culpa.[5]

Embora todos esses sentimentos sejam normais e compreensíveis, eles não trazem nada de bom e são potencialmente muito danosos. Culpar a si mesma pode destruir a sua autoestima e levar a uma séria depressão, e culpar seu esposo pode destruir o seu casamento. Ainda assim, por mais doloroso que pareça, você e seu esposo devem se comunicar honestamente para evitar que seu casamento seja minado pela culpa, acusação e ressentimento. Se você descobrir uma razão médica para sua infertilidade e se der conta de que suas ações passadas podem ter levado a isso, convém admitir honestamente qualquer responsabilidade que possa ter. Não estou sugerindo que você deva satisfações a seu esposo. Mas, se parecer que um ou ambos têm algo a admitir, deixe que seja iluminado pela luz de Cristo. Volte-se para o amor misericordioso de Deus através do sacramento da Reconciliação, confesse suas faltas e encontre o perdão. Perdoe-se e/ou perdoe seu esposo e deixe a culpa e a acusação irem embora. Não permita que pensamentos rancorosos ocupem espaço na sua cabeça e

---

[5] Ibid.

no seu coração por mais tempo. Ao invés disso, pense na infertilidade como uma dificuldade médica que vocês vão enfrentar juntos.

Mesmo que o uso passado de contraceptivo, uma DST ou um aborto não sejam condenáveis, é nesse momento de profundo abatimento e devastação, quando percebemos nossas próprias inadequações pessoais, que Cristo deseja nos enlaçar com seu amor curador e incondicional. O sacramento da Confissão e talvez o da Unção dos Enfermos podem ser particularmente úteis. Pode-se pensar que a Unção dos Enfermos esteja reservada exclusivamente para quem está morrendo, mas não é o caso. Qualquer pessoa cuja saúde esteja seriamente comprometida por doença ou que vá se submeter a uma cirurgia pode receber esse sacramento. Deixe seu pároco decidir se você pode recebê-lo, ou se ele pode celebrar o Rito para Bênção dos Enfermos. Todos esses rituais nos permitem aproximarmo-nos de Cristo e pedir qualquer tipo de cura que pensamos precisar. Fique certa, se você se abrir a qualquer graça que Cristo tem a oferecer, ele irá curá-la da maneira que você mais precisa, ainda que não seja do jeito que você mais deseja.

Questões para reflexão e discussão

- Inveja e ressentimento não são os sentimentos mais socialmente aceitáveis, ainda que seja normal os experimentarmos quando estamos passando pela infertilidade. Descreva algumas situações em que se sentiu invejosa ou ressentida pela felicidade de alguém.

- Que papel, se há algum, a vergonha ou a culpa têm na sua experiência de infertilidade?
- Você se culpa por sua infertilidade? Você culpa seu esposo? Você tem alguma razão válida para isso? Você tem razões para acreditar que a sua infertilidade pode ser o resultado de alguma coisa que você ou seu esposo tenham feito no passado? Como você pode discutir honestamente isso com seu esposo, de um jeito que traga alívio e não cause mal?
- Quando foi a última vez em que você se confessou? Como se sente a respeito desse sacramento agora? Você consideraria tentar?
- Como você se sente em relação ao sacramento da Unção dos Enfermos? Se estiver hesitante, pode perguntar a seu pároco sobre ele.
- O que você gostaria de compartilhar com seu/sua esposo/a a respeito da sua reflexão?

Para amigos e familiares

Muitas pessoas se perguntam se devem e como fazer para compartilhar as notícias mais maravilhosas de suas vidas – que estão esperando um bebê – com um amigo ou familiar que enfrentam a infertilidade. Embora as novidades possam ser particularmente dolorosas, elas devem estar entre as primeiras pessoas para quem você contará. Você não irá querer que elas saibam por outra pessoa e sejam pegas de surpresa, questionando-se por que você mesma não contou. Se você almeja fazer um grande pronunciamento em uma reunião, talvez seja o caso de contar primeiro a seus entes queridos. Pode ser importante contar a eles reservadamente, se imaginar que possam preocupar-se quanto à reação deles ser percebida pelos outros. Seja o mais sensível que puder e tente não criar muitas expectativas. Eles podem não ser capazes de esboçar uma reação muito animada, ou podem surpreender você!

Oração

Em ti, Senhor, me refugiei,
jamais eu fique desiludido;
pela tua justiça salva-me!
Inclina para mim teu ouvido,
vem depressa livrar-me.

(Salmo 30[31],2-3a)

CAPÍTULO 8

Definindo limites e alcançando aceitação

> Estava aí uma mulher que havia doze anos
> sofria de hemorragias e tinha padecido muito
> nas mãos de muitos médicos;
> tinha gastado tudo o que possuía e, em vez de melhorar,
> piorava cada vez mais. Tendo ouvido falar de Jesus,
> aproximou-se, na multidão, por detrás e tocou-lhe no manto.
> Ela dizia: "Se eu conseguir tocar na roupa dele, ficarei curada".
>
> (Marcos 5,25-28)

Meu marido e eu lutamos contra uma infertilidade sem causa aparente por três anos. Começou com testes de previsão da ovulação e planilhas de temperatura, e, antes que eu me desse conta, estávamos tomando injeções e fazendo ultrassonografias diárias, que eram seguidas por ciclos de tratamento sem sucesso. Meu endocrinologista reprodutivo finalmente nos disse que sem fertilização *in vitro* tínhamos menos de 4% de chances de engravidar por nós mesmos.[1]

---

[1] Os capítulos três e quatro explicam o porquê da FIV não ser uma opção moral aceitável.

Nosso plano de saúde não cobria os custos extremamente altos de cada ciclo de FIV, e cada tentativa oferecia apenas 20% de chance de sucesso. Não podíamos bancar a aposta. Ao invés disso, decidimos aumentar nossas chances com medicação mais agressiva. Eu sabia que estava arriscando uma gravidez de múltiplos, mas tudo que me importava era ficar grávida. Em vez de conceber, desenvolvi múltiplos cistos nos ovários, devido às injeções. Foi aí que me perdi completamente. Eu ruí e amaldiçoei meu médico e todo mundo na sala. Graças a Deus meu médico foi muito compreensivo e não ficou nem um pouco ofendido.

Jamais esquecerei a volta para casa do consultório médico naquele dia. Meu marido virou para mim e disse: "É isso. Para mim já chega". Agradeço a Deus por ele ter sido capaz de enxergar o fim, porque eu poderia não ter desistido. E quem sabe o que aquilo teria feito com o nosso casamento e minha saúde mental. Fomos para casa e tiramos um tempo para sofrer a perda do nosso filho biológico que nunca teríamos. Em pouco tempo nos candidatamos a adotar uma criança da Coreia. Dezesseis meses depois, meu lindo filho voou metade do mundo para nossos braços para sempre.

Ironicamente, menos de um ano depois dei à luz meu primeiro filho biológico. Ainda tive mais dois filhos biológicos sem qualquer tratamento de infertilidade. Portanto, já derrotei os menos de 4% de chances três vezes. Gosto de pensar que a minha infertilidade me conduziu para o caminho da adoção, que enfim me levou ao meu primeiro filho. Não posso imaginar minha vida sem ele.

– J. A.

Procurando por limites: onde acaba o deserto?

Muitos casais consideram útil fazer pausas temporárias ou limitar de alguma forma o tempo que estão dispostos a gastar tentando engravidar, o dinheiro que estão dispostos a despender, o sofrimento emocional que estão dispostos a suportar. Muitas pessoas também limitam os tipos de tratamento que estão dispostas a considerar. Muitas vezes esses limites autoimpostos são as únicas razões que permitem ao casal a seguir em frente com suas vidas.

Embora possa parecer estranho, meu marido e eu fomos afortunados por termos ouvido que jamais conceberíamos uma criança. As questões reprodutivas que nós dois tínhamos foram o bastante para nosso médico eliminar a possibilidade de uma gravidez sem a realização de FIV. Nós já havíamos excluído esse e certamente outros tratamentos que estaríamos dispostos a fazer, então, quando nos foi dito que apenas tais opções funcionariam, soubemos que a gravidez estava fora de questão. Disseram-nos que não havia nenhum outro tratamento disponível e que mesmo que fizéssemos cirurgias terapêuticas, não conseguiríamos engravidar. Não havia um medicamento para tomar, nenhum procedimento para tentar, nenhum encantamento mágico para evocar. *Nada* iria funcionar.

Avaliando os acontecimentos, percebo agora que foi uma bênção ser poupada da agonia pela qual muitas pessoas passam ao ter de parar de perseguir a gravidez após anos de tentativas malsucedidas. Nosso diagnóstico nos salvou da angústia de olhar para trás e pensar: "E se eu tivesse tentado por mais um ano?". Não tínhamos nada para tentar. Simplesmente não havia um jeito de concebermos. (Pelo menos foi isso o que nossos médicos nos disseram. Deus tinha outras ideias, quando ele criou nosso segundo filho.)

Também fui agraciada por ter experimentado a adoção de antemão, tendo um irmão e uma irmã mais velhos adotados por meus pais antes que minhas outras irmãs e eu nascêssemos. Construir uma família através da adoção não era um salto tão grande para mim como o é para muitas pessoas. Na verdade, meu marido e eu falávamos sobre isso durante o noivado e brincávamos com a possibilidade de adotarmos, depois de termos alguns filhos biológicos. Anos depois, quando pensamos que jamais teríamos filhos biológicos, seguimos com aquilo que poderia ter sido a fase seguinte do nosso planejamento familiar, de todo modo.

Entretanto, muitos casais que passam por uma infertilidade prolongada e/ou repetidos abortos espontâneos têm a assustadora tarefa de determinar limites na sua busca pela gravidez. Claro, muitas pessoas não definem quaisquer limites no começo, porque eles implicam que os tratamentos podem não funcionar. Muitas pessoas nem sequer cogitam a possibilidade de uma infertilidade permanente – seu maior medo – até ter atingido o limite emocional extremo de dor. Como cada ciclo malsucedido faz o casal despencar mais e mais num poço de sofrimento humano e pesar, cada nova tentativa arrasta-os mais adiante no reino da frágil esperança. Quanto mais profundamente você cai na tristeza, mais alto seu espírito precisa ser erguido de modo a obter esperança.

Cada mês que se passa sem concepção traz um desespero ainda maior, esperança mais e mais frágil, um desejo insaciável e sempre crescente por uma criança. Quanto mais tempo se passa sem conseguir engravidar, mais profunda a tristeza se torna e mais frágil a sua esperança. Mesmo assim, após um tratamento ter sido esgotado, outro pode estar à espera. A esperança emana eterna mais uma vez, e a montanha-russa emocional parte para um segundo passeio, ou um terceiro, ou um quarto. Essa batalha pode ser agravada por uma mudança na cobertura do plano de saúde ou problemas financeiros do casal.

Outra situação emerge quando casais que enfrentam a infertilidade experimentam a perda adicional e consideravelmente diferente do aborto espontâneo. Quando um casal finalmente obtém sucesso em conceber um bebê, sua esperança decola. Eles podem euforicamente contar às pessoas que *finalmente* engravidaram! A vida muda para sempre. Eles podem finalmente começar a deixar a dor da infertilidade ir embora e experimentar alegria legítima pela primeira vez, desde o início da jornada. Eles chegaram ao fim e se sentem seres humanos novamente. Um novo dia nasceu quando enfim eles puderam encontrar a felicidade de se tornarem pais. Podem finalmente começar a planejar o futuro e reacender velhas esperanças que pareciam muito distantes.

É impossível imaginar a agonia que esses casais enfrentam quando um aborto espontâneo arrebata a vida de seu filho. Quem não sofreu essa dor na própria pele não pode jamais compreendê-la.

Se o casal decide continuar tentando engravidar, a montanha-russa emocional pode reiniciar e até se tornar pior. Eles podem acreditar que agora têm uma razão maior para continuar tentando, já que funcionou antes. E agora que experimentaram uma gravidez, podem desejá-la mais do que nunca. O futuro estava ao alcance das mãos deles, mas escapou. Eles também podem se aproximar de cada tentativa de forma diferente. Como todas as pessoas que experimentam a infertilidade, eles estão apavorados com a possibilidade de que não funcione e cheios de esperança de que funcionará. Mas agora também estão temerosos de que mesmo que concebam, eles possam experimentar novamente a dor do aborto espontâneo. Então, ainda que sejam capazes de conceber, podem lutar para reunir esperança e encontrar dificuldades de se sentirem felizes e tranquilos com a gravidez até que tenham um recém-nascido saudável em seus braços.

Tenha você sofrido ou não um aborto espontâneo e tenha ou não um filho ou filhos antes de experimentar uma infertilidade secundária, suas tentativas atuais de conceber um bebê irão eventualmente chegar a um fim. Ou você conceberá e terá uma gravidez saudável, ou não. Esses são os dois únicos desfechos possíveis. Infelizmente, o único jeito de realmente saber se você algum dia poderia engravidar nesta vida é ter à sua disposição recursos financeiros, emocionais e médicos ilimitados e continuar tentando até atingir a menopausa. Mesmo que você não queira impor limites às suas tentativas de engravidar, seu corpo imporá. E a realidade é que os recursos financeiros e emocionais da maioria dos casais – para não falar do próprio casamento – não durarão nem sequer a metade do caminho até lá.

Aqueles que não engravidam e dão à luz um bebê saudável num curto prazo têm de considerar quais são os seus limites. Algum ponto precisa ser estabelecido, e ele será diferente para cada casal. Alguns casais percebem mais cedo que sua situação financeira imporá seu próprio limite. Mas essa não é a única consideração. Vários casais não estão dispostos a tentar certos tratamentos médicos, devido a seus princípios religiosos ou a seu desconforto pessoal com relação a eles. Outros casais podem aperceber-se de suas limitações emocionais com o passar do tempo e decidir que, para preservar o seu bem-estar emocional e de seu casamento, eles precisam definir um ponto final. Para muitos casais, a idade pode se tornar um fator, não apenas por razões médicas, mas porque muitos programas de adoção têm restrição de idade. Para alguns casais, adoção e apadrinhamento simplesmente não são opções – seja qual for a razão – e a decisão de parar de tentar engravidar significa que eles nunca se tornarão pais.

Uma vez que você tenha um diagnóstico sólido e suas opções de tratamento tenham sido colocadas diante de você, pode não ser sábio continuar tentando engravidar indefinidamente. Nenhum médico honesto recomendará que você o faça. Ao invés disso, os casais podem querer se sentar e ter uma discussão clara, cuidadosa e sensível sobre como planejar um ponto final, se for o caso. A decisão depende de seu diagnóstico, sua situação financeira, sua resistência emocional e espiritual, sua habilidade em colocar a vida em *stand-by* em vários aspectos e, mais importante, do estado do seu casamento: ele está se fortalecendo ou se fragilizando? Seu casamento deve sempre vir primeiro – ele é mais importante que ficar grávida. Se um dos dois precisar dar um tempo antes de continuar tentando, conversem a respeito. Se um de vocês chegar ao limite antes do outro, conversem sobre isso. Embora o processo possa ser difícil e repleto de discussões, ainda que possa ser necessário um conselheiro ou terapeuta de infertilidade, e embora dependa de muita oração implorando que Deus deixe sua vontade clara, a maioria dos casais finalmente chega a um entendimento mútuo sobre quando parar de tentar engravidar.

Se Deus quiser, você conceberá e terá uma gravidez saudável antes de chegar a seu limite. Se isso não acontecer, no entanto, é importante definir um ponto final mutuamente acordado e se ater a ele. Decida com antecedência se é o fim da estrada ou apenas uma parada. As pessoas às vezes precisam de intervalos para continuar tentando engravidar. Outros casais podem nunca sonhar em dar um tempo e continuam tentando com todas as suas forças.

Infelizmente, como não podemos prever o futuro, jamais saberemos como as coisas poderiam ter sido se tivéssemos tomado uma decisão diferente. E isso pode ser difícil de aceitar. Mas podemos nos sentir confortados, mesmo que um pouco, em saber que estamos tomando uma decisão que nos irá desligar da montanha-russa mensal de tratamentos de infertilidade e nos permitir andar rumo ao nosso futuro, para o que for que ele reserve.

Uma vez que tenhamos atingido o limite do que estamos dispostos a suportar para conceber uma criança e decidirmos parar de tentar, poderemos finalmente começar a sofrer nossa infertilidade completamente. A experiência é similar à de uma família que tem um membro com uma doença terminal. Esse ente querido pode ter passado por muitos períodos de doença e recuperação, oscilando entre esperança e desespero. Quando ele finalmente morre, sua família sente profundo luto e tristeza, mas certa dose de alívio também. Eles agora podem despedir-se daquele ente querido e prosseguir para o futuro sem ele, consumando sua perda.

Da mesma maneira, casais que decidem parar de tentar engravidar podem finalmente viver o luto de nunca ter um filho biológico (ou outro). Eles podem despedir-se de uma vez por todas desse futuro e aceitar que não o viverão mais. Embora a dor e o sofrimento possam causar profunda tristeza, pelo menos a ferida que deixa não será reaberta todo mês; ela pode enfim começar a cicatrizar. Sim, ficará uma cicatriz e, como costuma acontecer, poderá doer mais em alguns momentos que em outros, mas nunca mais voltará a abrir.

Se você chegou ao fim da batalha contra a infertilidade sem a dádiva de um filho, é importante dar a si mesma um grande crédito por seus esforços nessa luta. Você é uma sobrevivente. A infertilidade não é uma condição terminal. Por mais que às vezes possa parecer, a infertilidade não mata. E correndo o risco de soar banal: o que não nos mata, nos torna mais fortes. Receba isso de alguém que viu o fim da linha chegar e ir embora. Ninguém, além de você, seu esposo e Jesus conhece o caminho que você está percorrendo.

Aceitação

Agora é o momento de fazer um balanço da sua jornada e rememorá-la na presença de Cristo. O fim do tratamento de infertilidade é o começo para finalmente aceitar a perda dos filhos biológicos. Você pode querer voltar ao Capítulo 1 para rever os aspectos mais dolorosos de sua perda e, então, ofertá-los a Cristo. Permita-se a liberdade de desejar de todo o coração que as coisas tivessem sido diferentes, mas cumpra o processo necessário para aceitar sua perda. Não defina barreiras na sua jornada rumo à cura e aceite o fato de que a sua cruz da infertilidade pode parecer leve às vezes, mas em outros momentos pode aparentar ser insuportável. Cristo aceitou a cruz dele – de fato, ele voluntariamente a abraçou com grande amor por toda a humanidade –, mas acho que podemos seguramente assumir que ele não estava animado quanto a isso. Ele não ansiava pela dor física da morte. Ele não seguiu alegremente o caminho para o Gólgota. Caminhou lentamente – quase incapaz de se manter de pé sob o peso de seus sofrimentos. As estações da via-sacra, uma devoção católica focada no sofrimento e morte de Cristo, nos contam que Jesus caiu três vezes no caminho para a sua execução e precisou de outro homem, Simão Cirineu, para ajudá-lo a carregar a cruz.

Nosso amoroso Senhor não espera mais de nós ao carregarmos nosso fardo da infertilidade. Aceitação significa simplesmente que, com a graça de Deus, tomamos nossa cruz e seguimos Cristo aonde quer que ele nos leve. Lembre-se de que Jesus jamais a deixará carregar sua cruz sozinha.[2] Ele esteve nessa jornada com você, guiando-a através do deserto desde que entrou nele. Você viveu essa experiência com ele e tem as cicatrizes para provar.

Ironicamente, as cicatrizes físicas deixadas em meu abdômen pelas cirurgias têm o formato de uma cruz. Cada

---

[2] Nós também compartilhamos da companhia de muitos outros homens e mulheres que também conhecem bem esse deserto da infertilidade. As muitas matriarcas, os patriarcas, os santos e santas que caminharam por onde agora nos encontramos são nossos companheiros. Suas histórias, registradas na Bíblia e encontradas no Apêndice B, podem ser fonte de esperança e força em nossa jornada.

vez que as vejo, elas me recordam que fui crucificada com Cristo. Se você puder aceitar a sua cruz da infertilidade e unir o seu sofrimento ao dele, será crucificada com ele também. E sabemos que "... se morremos com Cristo, cremos que também viveremos com ele" (Rm 6,8). Aqueles que morrem com Cristo ressuscitam para uma vida nova com ele. Jesus pode juntar os pedaços do nosso coração e criar um novo coração. Ele pode lhe dar um novo futuro, um futuro melhor que o que você havia imaginado para si. Mas ele só pode fazê-lo se você permanecer conectada a ele e desejar uma nova vida com ele. Quando nós aceitamos a nossa cruz da infertilidade e finalmente dizemos adeus para o futuro que esperávamos ter, nos tornamos disponíveis para outro futuro – o futuro para o qual Deus nos conduzirá após esse tempo de provação e sofrimento.

A experiência de infertilidade da minha irmã mais velha, Martha, pode lançar alguma luz aqui. Ela concebeu com sucesso e deu à luz um filho saudável após pelo menos dois anos enfrentando a infertilidade. Quase todo mês, pelos dez anos seguintes, ela batalhou novamente para conceber outra criança. Nem consigo lembrar o número de cirurgias e tratamentos que ela fez. Ela engravidou duas vezes durante aquele período e teve abortos espontâneos em ambas.

A sua experiência de perda e sofrimento começou a cobrar o seu preço, e ela finalmente permitiu a si mesma a liberdade de seguir em frente. O ciclo final de tratamento veio antes de um aniversário significativo, e então ela decidiu fazer daquele o primeiro ano do resto da sua vida. Ela deu uma festa muito especial. Convidou todas as amigas mais próximas, enviou belos convites e contratou um maravilhoso serviço de *buffet*. Antes da festa, ela me disse: "Eu farei um anúncio nesta festa. Ou esta última tentativa terá sucesso e direi a todo mundo que estou grávida, ou esta última tentativa não dará certo e direi a todo mundo que já chega. De um jeito ou de outro, estou muito animada, porque sinto que, independentemente do que aconteça, será finalmente a vontade de Deus. E ainda que seja difícil, é o que eu realmente quero".

Decidir dar um basta aos tratamentos para infertilidade não significa dar um basta a si mesma, no entanto. Mesmo após pararmos de tentar engravidar e nos permitirmos viver o luto profunda e completamente, a dor da infertilidade ainda pode aparecer. Ela deixa uma cicatriz em nosso coração que às vezes pode doer. Mesmo depois de darmos início aos planos de adoção, eu me surpreendi soluçando no chão do quarto depois de conversar com minha irmã Mary, ao saber que ela estava indo ao hospital para dar à luz o meu sobrinho. Eu estava animada com a adoção, mas subitamente percebi que nunca teria a emocionante experiência de correr para o hospital em trabalho de parto (à época eu não me tinha dado conta do quão emocionante seria correr ao aeroporto para buscar meu filho). Por um longo tempo, não conseguia passar pela seção de gestantes na loja de departamentos sem ficar chateada. Considerei uma vitória ser capaz de ir a um chá de bebê sem cair no choro.

Apesar de ter concebido bem inesperadamente, fiquei de repouso absoluto por três meses em constante risco de parto prematuro, correndo para o hospital em iminente aborto espontâneo praticamente uma vez por semana. Meu segundo filho tem sorte de estar vivo e não tenho razão para acreditar que a sua concepção não tenha sido uma coincidência irrepetível. Adotamos nossa terceira criança não apenas porque amamos a experiência da adoção e mal podíamos esperar para fazê-la outra vez, mas também porque não estávamos prontos para reviver a possibilidade da infertilidade, outro quase aborto espontâneo, mais repouso, ou pior – um aborto espontâneo de verdade. Nossa filha está agora com três anos, e estamos tentando engravidar de um quarto bebê há cerca de um ano. Começamos a nos tratar com um médico em *NaProTechnology*, e estamos cautelosamente esperançosos. A infertilidade pela segunda vez é tão horrível quanto da primeira. Sei que se eu engravidar, temerei as complicações. A infertilidade ainda não acabou para mim. É uma cruz que carrego.

Quando anunciei na minha paróquia que estava iniciando um ministério com casais que enfrentam a infertilidade, algumas pessoas com 60 ou 70 anos vieram até mim após a missa. Com lágrimas nos olhos, eles me contaram que desejariam que houvesse um ministério desses quando passaram por isso. E essas foram pessoas que mais tarde tiveram filhos, seja biologicamente, seja por adoção. Fiquei emocionada pelas marcas que a infertilidade havia deixado nelas e pela tristeza que estavam revivendo. Mas cada um é diferente. Uma de minhas amigas que passou por uma histerectomia completa e adotou seus dois meninos me contou que não se importava nem um pouco de não poder engravidar. Tenho contato com outras mulheres cujas vidas foram afetadas pela infertilidade e sei que muitas se sentem como ela. Não foi a minha experiência, mas se você decidir parar de tentar engravidar, essa pode ser a sua.

Quando você decide parar de tentar engravidar, você encara outra grande decisão. Você e seu esposo ainda desejam se tornar pais, ou não? Ou melhor: Vocês acreditam que Deus os está chamando para serem pais, ou acham que Deus possa estar lhes chamando a serem uma família de duas pessoas? Se a paternidade biológica não for mais uma opção, Deus está definitivamente chamando vocês para uma dessas duas alternativas. Elas são as únicas opções restantes. Ambas são oportunidades maravilhosas de viver uma vida plena de amor e possibilidades. Vocês podem achar alegria em qualquer uma delas. No entanto, se existe uma coisa que aprendemos no deserto, é que a verdadeira felicidade vem apenas por acreditar em Deus Nós podemos confiar nele para nos conduzir ao futuro que ele desejou para nós. Para fazer isso, nós não nos podemos apressar em nada. Em vez disso, podemos nos permitir a oportunidade de superar a perda de nossos filhos biológicos e discernir nosso futuro através da oração. Se nos aquietarmos, seremos capazes de ouvir a voz de Deus. Esse pode ser um momento perfeito para tirar umas férias relaxantes com seu esposo ou ir para um retiro. Ao pesar suas opções e orar pelo seu futuro, Deus os conduzirá para o caminho que ele quer que vocês sigam.

Questões para reflexão e discussão

- Neste exato momento, você consegue se imaginar definindo limites sobre o que está disposta a fazer para conceber um filho?
- Que limites financeiros você encontra ao tentar engravidar? Há alguns procedimentos médicos que você não está disposta a fazer? Por quanto tempo você se vê tentando engravidar?
- Descreva em detalhes o cenário no qual você estaria disposta a considerar determinar um limite para a sua busca pela gravidez. Qual poderia ser esse ponto final?
- O que você imagina que seria a pior parte de desistir de engravidar, para você e seu/sua esposo/a?
- Você consegue se imaginar se sentindo aliviada ao desistir da batalha contra a infertilidade sem o dom de um filho biológico? E quanto a seu esposo?
- O que você gostaria de compartilhar com seu/sua esposo/a a respeito da sua reflexão?

Para amigos e familiares

Casais enfrentando a infertilidade são forçados a fazerem escolhas difíceis sobre o que estão dispostos a suportar para engravidar. Questões morais, biológicas, emocionais, matrimoniais e financeiras influenciam a decisão do casal para limitar ou abandonar os tratamentos da infertilidade. A coisa mais útil que amigos e familiares podem fazer é permanecer positivos e apoiar seus entes queridos, concordando ou não com suas decisões e considerando ou não que fariam o mesmo por si próprios. É realmente uma experiência muito subjetiva e pessoal. Se achar que as decisões deles estão provocando uma resposta emocional de sua parte, tente não permitir que seus sentimentos se acrescentem ao já pesado fardo que carregam.

Oração

Senhor, ouve a minha oração,
sê atento à minha súplica, tu que és fiel,
e pela tua justiça responde-me.
Em mim desfalece o meu espírito,
meu coração se consome.
A ti estendo minhas mãos,
como a terra seca, anseio por ti.
Responde-me logo, Senhor,
pois meu espírito me abandona.
Não me escondas teu rosto,
para eu não ser como quem desce ao sepulcro.
De manhã faze-me sentir tua bondade, pois em ti confio.
Indica-me a estrada que devo seguir
porque a ti elevo minha alma.

(Salmo 142[143],1.4.6-8)

CAPÍTULO 9

Considerando adoção e outras opções

> E quem acolher em meu nome
> uma criança como esta,
> estará acolhendo a mim mesmo.
> (Mateus 18,5)

Após três anos de tratamento para fertilidade intensivo, meu marido e eu decidimos dar um basta. O processo causou muito estresse e desapontamento. Cada mês era como um funeral. Decidimos que adotar era a nossa melhor escolha. Foi uma decisão agridoce – acre porque nós jamais olharíamos no rosto de uma criança que tivesse os olhos do meu marido ou meu sorriso, e doce porque nós poderíamos finalmente ter nosso próprio filho concebido em nosso coração.

O processo de adoção foi bastante fácil. Após apenas sete meses, nós concluímos as entrevistas com assistentes sociais e psicólogos e o estudo da residência foi completado. E, então, o telefone tocou. "Alô, é da agência de adoção. Nós temos um menininho de seis semanas que parece combinar bem com os seus requisitos. Gostariam de conhecê-lo?" Deslizei para o chão e gaguejei a palavra: "Quando?". A resposta foi: "Amanhã, às 9h", e eu respondi: "Sim!". E, então, dei alguns telefonemas, corri para lojas e casas de amigos a fim de comprar ou pegar emprestado o que precisávamos para nosso filho.

Quando o vi pela primeira vez, ele parecia um passarinho caído do ninho. Ele era tão pequenino! Meus sentimentos foram diferentes do que eu havia esperado. Eu me senti como uma babá, não como mãe. Eu ficava olhando por sobre o ombro sempre que saía de casa. Tinha muito medo de que a sua mãe biológica mudasse de ideia e o quisesse de volta. Mas algumas semanas depois tudo mudou. Entrei no seu quarto para pegá-lo e ele me olhou, sorriu, balbuciou balançando suas mãozinhas e pezinhos no ar. Ele estava tão feliz em me ver! Naquele momento, eu me tornei "Mamãe" e nenhum poder na terra poder-nos-ia separar.

Cinco anos depois, nós repetimos o processo. Dessa vez uma bebezinha de quinze meses de idade estava esperando para nos conhecer. Nossa experiência com ela foi um bocado diferente. Ela era tão grande que não cabia em nenhuma das roupas que eu havia comprado. E era tão ousada que tentou pegar meu sorvete de casquinha da minha mão no caminho para casa!

Eu me sentia completamente realizada – bem, quase. Não podia estar mais satisfeita com minhas crianças ou minha vida, mas ainda tinha uma angústia. A experiência mais natural para uma mulher é ficar grávida e dar à luz. O que havia de errado comigo? Rezei e rezei para que isso acontecesse. Então um dia eu disse: "Deus, não vou mais rezar por isso. Você sabe melhor que eu do que preciso. Então, está por sua conta". No mês seguinte, depois de dezesseis anos de infertilidade sem causa aparente, engravidei de nosso terceiro filho. E dois anos depois nós concebemos o quarto.

Uma pessoa muito próxima me perguntou, depois que meu primeiro filho biológico nasceu: "Então, como é ser mãe de verdade?". Senti como se ela tivesse enfiado uma faca no meu coração. O amor que eu tinha por todos os meus filhos – os adotados e o biológico – era o mesmo, apesar de eu sussurrar nos ouvidos deles, quando eram pequenos, que cada um era o meu favorito. Chegava a esquecer que os dois primeiros eram adotados. Um dia o pediatra, enquanto examinava meu filho mais velho, perguntou se alguém na família tinha histórico de alergia. Mencionei que minha mãe e meu tio tinham. Não me dei conta, até chegar em casa e comentar com minha mãe, que aquilo era irrelevante. Ela havia esquecido também. Seus filhos são seus filhos, não importa como Deus os tenha trazido para você, e o amor de uma mãe não conhece barreiras.

– G. D.

Discernindo sobre a adoção

Após decidir parar de tentar a paternidade biológica, a adoção é o único caminho que resta para se ter filhos. Muitas pessoas bem-intencionadas, mas equivocadas, frequentemente dizem a quem está enfrentando a infertilidade para "simplesmente adotar", como se decidir adotar uma criança ao invés de dar à luz fosse fácil como decidir comer aveia no café da manhã quando acabam os flocos de milho. Para muitas pessoas que estão passando pela infertilidade, cogitar a adoção as faz sentir como se estivessem de alguma forma traindo a dedicação ao filho biológico esperado por tanto tempo. Após investir tanto tempo, energia e recursos tentando conceber, considerar a adoção abre uma porta para um futuro completamente novo e desconhecido.

Antes de pensar na adoção como um caminho possível para a paternidade, podemos buscar por orientação na nossa fé. Adoção é algo quase tão antigo quanto a civilização e tem uma história longa e muito positiva na tradição da nossa fé. Quando os israelitas foram escravizados no Egito e o Faraó ordenou que todos os meninos recém-nascidos fossem mortos, uma escrava hebreia concebeu e pariu um menino. Ela o escondeu por três meses e, então, o colocou em um cesto à prova d'água no meio dos caniços à beira do rio Nilo. A filha do Faraó o encontrou, adotou como seu filho e lhe deu o nome de Moisés (veja Ex 2).[1]

---

[1] A lei judaica no Antigo Testamento não previa exatamente a adoção, então estou usando esses exemplos bíblicos fazendo um uso um pouco mais abrangente do termo.

Mais tarde ele guiaria os israelitas para fora da escravidão. Deus escolheu Moisés como seu servo, aquele através de quem seria estabelecida a sua aliança com os israelitas no Monte Sinai. Depois, lemos sobre a rainha Ester, que foi adotada por seu primo após seus pais morrerem (veja Est 2,7). Deus usou Ester para trazer libertação ao povo judeu.

No Novo Testamento encontramos o relato de uma jovem mulher que se viu grávida através do poder do Espírito Santo. Seu noivo, embora não fosse o pai biológico da criança, acolheu a ela e ao filho em sua casa. São José foi o único pai humano que Jesus teve, e não era menos seu pai por não tê-lo concebido com Maria (veja Lc 1,35). São José comemorou os primeiros passos que Jesus deu, ouviu seus primeiros balbucios e o ensinou a ser um bom judeu. Ele ensinou-lhe seu ofício de carpintaria e, com Nossa Senhora, o criou como seu próprio filho.

A Bíblia também usa a linguagem da adoção para descrever nossa relação com Deus. Em Romanos 8,14-17, lemos:

> Todos aqueles que se deixam conduzir pelo Espírito de Deus são filhos de Deus. De fato, vós não recebestes espírito de escravos, para recairdes no medo, mas recebestes o Espírito que, por adoção, vos torna filhos, e no qual clamamos: "Abbá, Pai!". O próprio Espírito se une ao nosso espírito, atestando que somos filhos de Deus. E, se somos filhos, somos também herdeiros: herdeiros de Deus e co-herdeiros de Cristo, se, de fato, sofremos com ele, para sermos também glorificados com ele.

Não há dúvida de que realmente somos filhos de Deus através de adoção. No sacramento do Batismo, Deus adota a cada um de nós como seus próprios filhos, e nos tornamos irmãos e irmãs de Jesus.

Mesmo que pela adoção as crianças sejam agradáveis a Deus, e a Igreja Católica a recomende, adoção não é para qualquer um. Adoção é um chamado distinto de Deus e deve ser discernido na oração como tal. Embora eu não me sinta assim, muitas pessoas não conseguem condicionar a mente e o coração a amar e criar uma criança que elas não tenham concebido. Elas simplesmente não conseguem imaginar-se sequer acolhendo essa ideia, e não é errado se sentir dessa maneira. Seria melhor para essas pessoas não adotar, ainda que desejassem se sentir de outro jeito.

Por outro lado, muitas outras pessoas estão cautelosamente abertas à adoção, mas têm dúvidas e questionamentos. Para a maioria, adotar uma criança requer um salto para fora da zona de conforto, pelo menos inicialmente. Muitas pessoas que adotaram depois de passar pela infertilidade admitiriam que nunca considerariam a adoção se tivessem sido capazes de engravidar. Apesar de certamente não dizerem que essa foi a segunda opção, elas provavelmente admitem que não foi a primeira. Ainda assim, tendo seu filho nos braços, elas dizem isso com gratidão a Deus pela cruz da infertilidade. Porque, se tivessem sido capazes de conceber, não se teriam tornado pai e mãe dessa bela criança que agora é seu filho, seu amor, seu doce anjo sem o qual não podem mais imaginar suas vidas.

Quando os casais começam a pensar sobre a adoção, comumente acontece de um dos esposos se tornar mais confortável com a ideia antes do outro. Isso geralmente tem a ver com as diferentes experiências com a infertilidade, que podem afetar sua atitude quanto à adoção. Por exemplo, a continuidade genética ou linhagem familiar podem significar mais para um esposo que para outro. Esposos cujo diagnóstico for a causa primária da infertilidade podem sentir como se não tivessem direito de atrapalhar o outro de se tornar pai ou mãe através da adoção, e podem falhar em examinar os próprios sentimentos adequada e honestamente.

É crucial para ambos que se comuniquem aberta e honestamente um com o outro sobre a adoção, e isso geralmente requer dar uma boa olhada juntos em quais perdas causadas pela infertilidade machucam mais. Pode ser útil neste ponto voltar ao Capítulo 1 e conversar com seu cônjuge sobre as questões propostas. A adoção não cura a infertilidade; ela cura a falta de filhos. Essa realidade deve ser compreendida por ambos para serem justos com quaisquer futuros filhos que venham para a família pela adoção. Um filho adotado não é um substituto para um filho biológico. Mesmo que uma criança adotada venha a ser parecida com vocês ou possa se passar por seu filho biológico, aquela criança é uma pessoa singular por seu próprio direito. Vocês sabem disso, a criança sabe ou saberá, e qualquer um com quem vocês compartilharem essa informação saberá. Essa criança é um ser humano único e geneticamente diferente, com pais biológicos, bagagem cultural e histórico médico próprios, e vocês não podem fingir ser diferente. Entretanto, ao adotá-la, aquela criança é realmente sua filha – sua própria filha. Vocês são sua mãe e seu pai.

Apesar de a adoção não oferecer a capacidade de gerar um bebê com seu esposo, ela dá aos dois a capacidade de ter uma criança na família. Ainda que geralmente um dos esposos se ocupe da maior parte da papelada, é realmente uma experiência a ser compartilhada. Muitas pessoas chamam isso de "gravidez de papel". É uma forma diferente da gravidez, mas é um caminho que vocês percorrem juntos. E, na reta final, antes de a criança vir para casa, vocês serão levados por uma louca e caótica correria de ansiedade e detalhes de última hora que é praticamente um parto por si só.

Então, como a adoção difere da paternidade biológica e de que forma é semelhante? Muitas pessoas que adotaram crianças dirão que filhos são filhos, não importa como eles venham para você. Elas dirão que ser pai ou de uma criança que vem para você através da adoção não é diferente de ser pai ou mãe de uma criança que vem através da concepção. Tenho dois filhos adotados e engravidei e gerei um filho, e posso dizer a você que quase não há diferença depois que as crianças estão em casa. Quase tudo que importa é igual. A única diferença é que as crianças adotadas trazem consigo a perda de suas raízes biológicas e talvez a perda da cultura do lugar onde nasceram. A adoção é um processo de uma vida toda e, à medida que seus filhos crescem e amadurecem, sua história de adoção irá tecer uma trama adicional ao tecido de que eles e a família de vocês é feita.

Os pais certamente amam seus filhos adotivos tanto quanto amariam seus filhos biológicos, nem mais nem menos. Às vezes, pessoas que adotaram tentam argumentar que têm menos expectativas em relação aos filhos do que aquelas que os concebem. Mas não acho que isso seja justo. Nós não podemos fazer tais julgamentos sobre os outros, como se existissem dois tipos diferentes de pais – biológicos e adotivos – e um fosse mais amoroso que o outro. Infelizmente, é igualmente fácil para nós, pais adotivos, perder a paciência, ter momentos de irresponsabilidade, cometer erros.

Alguns aspectos do processo de adoção podem parecer muito diferentes da preparação para a paternidade biológica, especialmente o tempo para a chegada da criança. Uma das coisas que a adoção favorece é que você começa a ter seu corpo de volta. Durante o tratamento de infertilidade, muitas mulheres passam por mudanças de peso e muitos medicamentos prescritos para tratar a infertilidade têm efeitos colaterais físicos desagradáveis. Foi bom perder todos os quilos que havia ganhado ao atravessar a infertilidade (e mais alguns) e caber em roupas de tamanho antes inimaginável. Eu podia malhar tanto e tão pesado quanto quisesse. Minha vida sexual com meu marido recobrou seu sentido como uma oportunidade de renovarmos nosso laço matrimonial e deixou de parecer um experimento científico. Depois que decidimos adotar, uma pequena, muito vaga e remota parte de mim saboreou a ideia de parecer incrível no batizado do meu filho, quando a maioria das mulheres ainda estaria fora de forma. É ridículo, eu sei, mas estava chegando a esse ponto. Enquanto está esperando seu filho, você pode – dentro de limites razoáveis, evidentemente – beber álcool, tomar café e comer sushi. Você não terá enjoo matinal nem tornozelos inchados.

Mas não haverá o barrigão nem roupas bonitinhas de grávida, nenhum estranho lhe sorrirá nem poderá usar a fila preferencial. Ninguém percebe que você está esperando um filho, quando decide adotar. Você não faz um anúncio do tipo "Estou esperando um filho!", porque o processo de adoção é muito diferente e as pessoas normalmente não sabem o que dizer quando você conta a elas. Elas devem ficar tristes, pois sabem que você realmente queria estar grávida, ou devem ficar felizes, pois você finalmente vai ser mãe?

Eu me lembro de ficar desanimada quando anunciei minhas boas-novas para uma de minhas amigas. Ela não sabia como reagir e fez um comentário que seria mais apropriado se eu lhe tivesse contado que havia decidido ter um gatinho. Foi algo como "Ah, que legal", seguido de algumas perguntas esquisitas e uma mudança rápida de assunto. Machucou de verdade. Ela tentou, mas simplesmente não sabia o que dizer.

Mas muitas outras pessoas sabiam. Embora se perca a experiência física, emocional e social da gravidez, o processo de adoção traz consigo muitas outras experiências animadoras. Quando esperávamos a chegada de nosso filho, meu marido contou a novidade a um amigo da nossa igreja e recebeu uma resposta fantástica. O homem disse: "Que ótimo! Meus parabéns e seja bem-vindo a um grupo muito especial do clube dos pais". Achei os grupos de adoção muito especiais e uma grande fonte de apoio. Minha mãe e duas de minhas melhores amigas haviam adotado seus filhos, então nós compartilhamos uma conexão que minhas outras amigas acham muito bacana, mas não entendem exatamente como é.

Adotar um filho é uma experiência extraordinária. Alguns aspectos podem parecer assustadores e ao mesmo tempo muito estimulantes: preencher a inscrição, preparar os documentos e atestados, passar por entrevistas, participar de cursos de preparação, preparar-se para a avaliação do ambiente doméstico. Minha casa nunca esteve tão limpa quanto nessa primeira visita! E então, finalmente, a sentença do juiz habilitando-nos para a adoção e a ansiedade pela espera. Eu quase tinha ataques de pânico quando tocava o telefone e o número era desconhecido, sabendo que podia ser "a ligação".

Enquanto está esperando, você pode rezar pelos pais biológicos do seu filho, rezar por essa mulher que se descobre grávida, se pergunta o que fazer e finalmente toma a decisão mais difícil e amorosa de sua vida, aquela que fará de você uma mãe. Enquanto aguarda a criança chegar em casa, você pode confiá-la aos cuidados de Jesus e Nossa

Senhora. Com base no perfil da criança que determinou nos questionários e entrevistas, você pode se divertir comprando brinquedos, livros e algumas peças de decoração para o quarto, imaginando uma recepção para o momento da chegada. Uma incrível torrente de emoções irá jorrar quando for conhecer a criança, seja indo até um abrigo perto da sua casa, seja fazendo uma incrível viagem se ela estiver em outra cidade ou estado.

Como já estávamos confortáveis com a adoção e sabíamos que poderia demorar, começamos a pensar no assunto cerca de um mês depois de decidirmos parar de tentar engravidar. Houve quem dissesse ser cedo demais, mas foi no momento perfeito para nós. Algumas pessoas podem preferir esperar mais tempo. Outras podem entrar na fila da adoção enquanto continuam tentando engravidar, na esperança de que uma das duas dê certo. É você quem decide qual o tempo certo entre parar os tratamentos de infertilidade e decidir adotar; ninguém mais pode decidir por você. Você e seu esposo sabem se estão sendo honestos com Deus, um com o outro e com si mesmos. Desde que ambos tenham rezado e estejam certos de serem chamados à adoção, sigam adiante. Gostaria de recomendar o livro *The Call to Adoption: Becoming Your Child's Family*, de Jaymie Stuart Wolfe. Ele foi escrito sob uma perspectiva católica e é uma introdução muito boa à adoção para aqueles que estão começando a considerá-la.*

---

* Outras fontes muito boas de consulta sobre o assunto são os livros *Adoção: exercício da fertilidade afetiva*, de Hália Pauliv de Souza (São Paulo: Paulinas, 2008) e *Esterilidade fecunda: um caminho de graça*, organizado por Marco Griffini (São Paulo: Paulinas, 2011). (N.E.)

A primeira coisa que você perceberá é que há diferentes formas de adoção. Meu conselho é ler, pesquisar e frequentar grupos de apoio à adoção.

Também me beneficiei das conversas com outros casais que ou já haviam adotado ou estavam cogitando a adoção. O melhor conselho que recebi foi imaginar como queria que minha futura família fosse e priorizar as escolhas. É preciso pensar no perfil da criança que se pretende adotar: sexo, faixa etária, etnia, cor. Durante as entrevistas com assistentes sociais e psicólogos, essas e outras questões sobre a criança serão repetidas e aprofundadas. Por exemplo: se a criança tiver irmãos, eles raramente serão separados, então é preciso definir se aceitarão mais de uma criança. Também é preciso pensar na forma como essa criança foi gerada, quais as condições de saúde de seus pais e a dela própria. É importante pensar sobre cada um desses aspectos e responder honestamente. Idealizar uma criança pode levar a frustrações e problemas sérios, que podem inviabilizar a adoção.

Os dois caminhos principais para adotar uma criança são a adoção doméstica e a adoção internacional.[*]

No Brasil, para adotar é preciso ter mais de 18 anos e ser dezesseis anos mais velho que a criança. Pesquisem, então, qual a Vara da Infância e Juventude mais próxima de sua residência, pois será esse o local em que correrá o seu processo de adoção. Depois da entrega dos documentos

---
[*] As informações a seguir foram adaptadas para a realidade brasileira e estão disponíveis no site do Conselho Nacional de Justiça (http://www.cnj.jus.br).

necessários e das avaliações psicossociais, a equipe técnica elabora um laudo e o envia ao Ministério Público para um parecer que embasará a decisão do juiz. Se o pedido for acolhido, seus nomes serão inseridos no Cadastro Nacional de Adoção. Observada a fila de inscrição, a Vara da Infância vai avisá-los quando houver uma criança que se encaixe no perfil definido durante as entrevistas e chamá-los para conhecer um pouco sobre o histórico dela e apresentá-los. Vocês irão fazer algumas visitas à criança para que se conheçam melhor e, se tudo correr bem, receberão a sua guarda provisória. Isso significa que ela poderá finalmente ir para casa com vocês. A equipe técnica ainda fará acompanhamentos periódicos e, ao concluírem a avaliação, o juiz dará a sentença mediante a qual será emitida uma nova certidão de nascimento com os seus nomes como pais dessa criança, agora definitivamente como sua filha legítima.

Muitas pessoas reclamam da burocracia e da demora para a adoção. No entanto, é preciso pensar que, mesmo que vocês estejam desesperados para se tornarem pais, a justiça atua no sentido de buscar a melhor família possível para cada criança, e isso exige preparação e avaliações criteriosas. Outra questão relevante é que o perfil determinado pelos pretendentes à adoção muitas vezes é distante do perfil das crianças disponíveis para adoção.

A adoção internacional é outro caminho possível para construir sua família. Cada país tem seu próprio conjunto de critérios que os pretendentes à adoção devem preencher.

É preciso checar esses detalhes antes de escolher algum programa no qual depositar suas esperanças. Na maioria dos casos, se você se qualificar para um país específico, você completa um estudo da residência e então compila um dossiê. Essa robusta pilha de papéis leva um tempo para ser produzida e cada país tem seus próprios requerimentos específicos. Uma vez que você tenha enviado a papelada para o país escolhido, você normalmente espera pelas referências de uma criança (ou às vezes você é relacionado a uma depois de viajar até lá). O processo varia de um país para o outro, mas basicamente, depois que uma combinação é aceita, a burocracia de imigração deve ser processada e aprovada pelo governo do seu país e a burocracia de emigração deve ser processada e aprovada pelo governo do país de origem da criança. E então os arranjos para a viagem são feitos. Requisitos de viagem variam, indo de nenhum a quatro ou oito semanas (de estada no país estrangeiro). Alguns países exigem que duas viagens diferentes sejam feitas pelos pais adotivos. Algumas vezes as adoções são concluídas legalmente no país de origem da criança e outras são finalizadas legalmente no país de origem dos pais adotivos.

Se vocês escolherem construir sua família através de adoção, precisam digerir essas informações da mesma forma que digeriram as informações médicas sobre a infertilidade. Embora inicialmente possa parecer muito complicado, com o tempo vocês podem se tornar verdadeiros especialistas no assunto. Frequentar grupos de apoio à adoção é bastante enriquecedor por favorecer o encontro e a troca de informações entre famílias que já passaram pelo processo e aquelas que estão à espera de uma criança.

Fiquei impressionada em como nossa jornada de adoção foi intuitiva. O trabalho com a papelada foi tremendo, mas factível e a entidade que nos ajudou foi muito atenciosa. Foi uma alegria trazer para casa nosso filho mais velho, e três anos mais tarde nossa filha, vindos da Coreia para o seio da nossa família para sempre. Não houve nenhum contratempo em nenhuma das duas adoções. No nosso caso, a adoção foi muito mais fácil que a gravidez. Seja como for que você se torne mãe, quando segurar seu filho nos braços, perceberá que tudo valeu a pena.

Depois de seis anos de infertilidade sem causa aparente, Deus chamou meus pais a adotar meu irmão. Cinco anos depois, eles adotaram minha irmã mais velha. Ainda que isso seja exceção e não regra, cinco anos depois eles conceberam minha outra irmã e eu cheguei apenas um ano e meio depois, bem inusitadamente. Por mais que as pessoas lhe digam que isso acontece o tempo todo ("Ah, assim que você adotar você vai ficar grávida"), não é verdade. A porcentagem de pessoas que concebem inesperadamente depois de optar pela adoção é a mesma de pessoas que concebem após decidirem não tentar mais ter filhos.[2] Esse mito de que a adoção ajuda casais inférteis a conceber é irritante, pois culpa a infertilidade dos pais

---

[2] Veja Michael Bohman, *Adopted Children and Their Families*. Stockholm: Proprius, 1970.

adotivos e – espero que não intencionalmente – define seus filhos adotivos como meios de conceber um filho biológico. Embora o mito persista e você possa ouvi-lo caso escolha adotar, a adoção não aumenta as chances de que você engravide.

Adoção é um jeito belíssimo de construir uma família. Sempre soube que meus pais haviam adotado meu irmão e irmã mais velhos. Adoção não era um tabu para minha família. Eu conhecia outras crianças adotadas, incluindo minha melhor amiga e o seu irmão, e achava que todos os pais adotavam pelo menos um de seus filhos. Quando descobri que não era o caso, achei que os que não o faziam estavam perdendo algo. Quando eu tinha cerca de 12 anos, a genitora da minha irmã iniciou contato com ela (ela tinha 18 anos). Eu testemunhei o belo relacionamento delas desabrochar, e fiquei praticamente com inveja dos presentes de aniversário extras que ela passou a receber. Minha irmã também foi abençoada em conhecer seus dois irmãos biológicos, que sua genitora teve condições de criar. De certa forma, eles se tornaram membros da nossa família extensa, amados por nós porque nos deram nossa irmã e porque eram amados por ela. Eles fazem parte da origem dela, então são nossa família também.

Discernindo sobre apadrinhamento

Muitos casais para os quais a adoção não é uma opção ainda desejam se tornar pais de alguma forma. Eles têm ainda um profundo desejo em seus corações de criar e amar crianças, e podem precisar considerar se Deus os está chamando para se tornarem padrinhos. Muitas crianças estão esperando para receber a estabilidade de um pai e uma mãe amorosos e um lar acolhedor. Porém, o processo de destituição dos direitos da família natural nem sempre é simples e rápido e, enquanto ele não é concluído, a criança não pode figurar no Cadastro Nacional de Adoção. Nesse caso, há programas de apadrinhamento afetivo que permitem dar às crianças que vivem em abrigos uma chance de saber o que é serem amados e cuidados por alguém que pode suprir algumas de suas necessidades físicas, emocionais e espirituais até que seus genitores possam cuidar delas novamente. Nesse caso, os padrinhos não recebem a guarda, mas podem visitar e até fazer passeios e viagens com a criança. A ideia é que sejam criados vínculos com outras pessoas fora do abrigo que sirvam de referência para as crianças.

Não se trata de um "teste" para uma possível adoção, nem de uma cura para a infertilidade. Apadrinhar uma criança não preencherá o desejo de engravidar, nem o de permanente e legalmente se tornarem pai e mãe de uma criança. Diferente da adoção, o apadrinhamento não é permanente. Por sua própria natureza, o apadrinhamento afetivo tem a intenção de ser uma solução temporária para um problema temporário que, espera-se, será resolvido de modo a permitir que as crianças abrigadas voltem a viver com seus genitores ou familiares.

Ou seja, apadrinhar uma criança significa que você estará temporariamente oferecendo afeto e cuidados até que sua família esteja apta a recebê-la de volta ou que ela atinja a maioridade. Isso implica generosidade e amor incondicionais, sabendo que aquela criança não será sua para sempre. Não se trata de reprimir o amor, mas de estarem preparados para o dia em que ela será devolvida aos cuidados da família de origem. É um chamado tremendamente difícil, mas inacreditavelmente recompensador, e se Deus tiver o apadrinhamento em mente para vocês, ele lhes concederá tudo que for necessário para fazê-lo. Conheço padrinhos que ainda são visitados por seus afilhados já adultos, com quem ainda mantêm vínculos afetivos. O apadrinhamento requer dar um pedaço do seu coração para todas as crianças acolhidas. Mas, ao invés de ficar sem pedaços sobrando, Deus constantemente alarga o seu coração para que você tenha sempre mais para dar.

Ambos os nossos filhos adotados foram cuidados por maravilhosos padrinhos antes de virem para nós. Após seus pais biológicos tomarem a decisão de colocá-los para adoção, meu filho e minha filha receberam carinho e cuidados de uma amorosa família até que os papéis da imigração fossem processados. Essas famílias amaram meus filhos com tremenda generosidade e altruísmo.

Tive o privilégio de encontrar os padrinhos das minhas crianças e vi o amor e a dor em seus olhos quando eles deixavam seus afilhados afetivos – agora meus filhos – em meus braços. Eles continuaram a apadrinhar outras crianças que esperam por suas famílias definitivas. É a vocação deles. As fotos deles segurando meus filhos sempre estarão no nosso álbum de fotografias em minha sala de estar, junto de outras fotos importantes da família. Estou certa de que eles têm fotos dos meus filhos em suas casas também. Minhas crianças sabem seus nomes e perguntam por eles. Nós mandamos cartas e fotos para que eles possam ver como seus afilhados estão crescendo e se desenvolvendo.

Quando fomos à Coreia pela segunda vez para buscar nossa filha, os padrinhos do nosso filho foram nos ver novamente. Eles tinham um presentinho para meu filho, e nós choramos juntos ao nos vermos como se eles estivessem entregando meu filho pela segunda vez. Eles sentiam muita saudade dele, como sei que os padrinhos da minha filha também devem sentir. O amor e sacrifício deles tornou possível que meus filhos recebessem carinho e cuidados de uma família antes de virem para casa conosco e, por isso, seremos gratos a eles para sempre.

Discernindo sobre uma família sem filhos

Para muitos casais que enfrentam a infertilidade, adoção e apadrinhamento simplesmente não são opções. As muitas razões para isso incluem, mas não se limitam a fatores financeiros, médicos, emocionais ou pessoais. Um casal pode não se sentir atraído pela adoção ou pelo apadrinhamento absolutamente. Sejam quais forem suas razões, eles precisam ser respeitados e não questionados. Assim como casais inférteis podem decidir não revelar o motivo da sua infertilidade, casais que sejam incapazes ou escolham não adotar ou se tornar padrinhos podem também desejar manter suas razões em segredo. Quando esses casais decidem parar de tentar conceber, a possibilidade de se tornarem pais chega ao fim.

A decisão de não trazer crianças para a família é difícil de se tomar, especialmente para católicos, porque nossa vocação para o casamento nos coloca a serviço da vida. Consequentemente, muito do que somos enquanto Igreja parece incluir ter crianças. A maioria das igrejas são construídas com um espaço adicional para programas de educação religiosa ou escolas para crianças. Como católicos, sempre que ouvimos a palavra "família", imediatamente imaginamos uma mãe, um pai e um número variável de crianças (tradicionalmente, quando mais, melhor).

Mas essa imagem não é a única possível. Um homem e uma mulher se tornam família tão logo troquem os votos matrimoniais. Apesar de na nossa liturgia matrimonial prometermos estar abertos aos filhos e a criá-los em nossa fé, isso não significa que um casal que sofra com a infertilidade seja obrigado a adotar ou a apadrinhar crianças. Crianças são dons a ser recebidos, não um direito a ser exigido. Certamente, se um casal não pode conceber uma criança, os cônjuges são livres para abraçar a vida como uma família de duas pessoas. O significado do casamento não é diminuído de maneira alguma aos olhos de Deus ou da Igreja. Cada menção a filhos no ritual do sacramento do Matrimônio está em parênteses, então eles podem ser omitidos nos casos em que já é de conhecimento que os esposos não podem conceber ou se o casal é de idade avançada.[3]

Nossa fé é refletida em como celebramos a maioria dos rituais sagrados. O matrimônio retém seu significado e valor como bom em si mesmo, mesmo quando os esposos não podem conceber por nenhuma falta deles próprios. O *Catecismo da Igreja Católica* diz: "Os esposos a quem Deus não concedeu a graça de ter filhos podem, no entanto, ter uma vida conjugal cheia de sentido, humana e cristãmente falando. O seu matrimônio irradiar uma fecundidade de caridade, de acolhimento e de sacrifício".[4]

Esposos que escolhem deixar de tentar a paternidade não mudaram sua vocação. Deus os chamou para serem verdadeiros um com o outro e honrarem-se todos os dias de suas vidas, custe o que custar. Não ter filho não muda isso em nada. Deus chama todos os esposos, não apenas os que se tornam pais, para fazer uma oferta sincera de amor sacrifical mútuo e para os outros. É precisamente desse jeito que os casais refletem o amor de Deus para o mundo. Esse amor sacrifical doado é a coroa da glória da vida de casados, independentemente de ter crianças ou não do lado do recebedor.

---

[3] Isso não significa, entretanto, que casais que forem capazes de conceber podem deliberadamente excluir por completo as crianças do seu casamento. Tal intenção invalidaria o sacramento do Matrimônio.

[4] CIC, 1654.

Como, então, esse amor deve ser vivido? Essa questão deve ser respondida por casais que decidiram encerrar as tentativas de paternidade. Católicos podem viver sua vocação de amor sacrifical como uma família de duas pessoas de inúmeras formas. Cada casal é único. Muitos escolhem se envolver com crianças, seja no trabalho ou em voluntariado. Outros se dedicam a ajudar a melhorar a vida dos necessitados. Apesar de todos os católicos serem chamados a fazer isso, aqueles que não têm filhos podem fazê-lo de um jeito muito diferente.

Quando passamos pela dor da infertilidade, tendemos a romantizar a maternidade e fantasiar sobre ela de maneira irreal. Mas temos que reconhecer as restrições da maternidade. Como uma mãe católica, Deus é minha primeira prioridade, meu casamento é a segunda e meus filhos, a terceira. Manter essas prioridades em ordem é um desafio quando uma fralda precisa ser trocada, um problema de matemática precisa ser resolvido, um líquido derrubado precisa ser limpo, um brinquedo favorito precisa ser encontrado, uma montanha de roupas sujas precisa ser lavada – e são apenas nove horas da manhã. Preparar almoço para cinco não está nem no meu radar ainda – para não falar do jantar – e olhe que estou estimando isso tudo para um daqueles dias tranquilos! É um desafio constante conseguir tempo para rezar e aprofundar minha relação com Deus e também arranjar tempo para aproveitar e fortalecer meu casamento.

Em um dia típico, meus filhos recebem bem mais da metade do meu tempo e energia. Eu amava tantas coisas – ir a retiros, fazer trabalho voluntário na igreja, viajar com meu marido. Em muitos dias, sonho com aquela profundidade espiritual vivida pelas freiras de clausura cujas orações são seu trabalho e cujo trabalho é rezar. Frequentemente me sinto negligente no meu relacionamento com família e amigos, especialmente com as amigas que não têm filhos pequenos. Se você não puder encontrar-me num parque e ter uma conversa comigo, que é constantemente interrompida por joelhos ralados, birras e buscas por crianças "desaparecidas" que gostam de se esconder em lugares públicos, talvez fiquemos sem nos falar por algum tempo. Essa é a realidade da maternidade para mim neste estágio do desenvolvimento da minha família.

Deus me chamou para a maternidade e, embora essas outras atividades sejam valiosas e certamente agradem ao Senhor, elas não são possíveis para mim no momento. Algumas terão que esperar e outras jamais acontecerão. Eu não reclamo disso, entretanto. É simplesmente a vida para a qual fui chamada, a vida que Deus escolheu para mim, o caminho que deseja utilizar para me conduzir à vida eterna com ele no céu. A vida como uma família de dois é simplesmente outro caminho, outro jeito de viver a vocação da vida conjugal, outro chamado que Deus pode usar para levar casais à união com ele.

Mais que qualquer outra coisa, católicos em uma família de dois têm o dom do tempo. Como na jornada através da infertilidade, isso traz escolhas praticamente ilimitadas para os esposos. Como eles irão gastar esse tempo? Isso pede um sério discernimento sobre seus talentos, dons, interesses e recursos. A vida como uma família de duas pessoas não é um chamado à "falta de filhos", que foca naquilo para o que o casal não é chamado. É definitivamente um chamado para o amor e o serviço de doar a própria vida para a Igreja e o mundo. Cada casal com essa vocação distinta deve discernir, pela oração, o caminho particular que Deus deseja que se tome. As necessidades da Igreja e do mundo são tantas e tão variadas quanto os dons, talentos e interesses daqueles casais cujo casamento e família lhes oferecem a flexibilidade e disponibilidade de atender a elas.

> Existe uma união profunda entre a alma e o corpo. Eles não são duas naturezas separadas, unidas na pessoa humana, mas, mais que isso, são uma união integral que forma uma natureza singular... Todo o nosso ser é feito para doar vida e gerar vida. Nossa vocação de dar vida a outros, então, não para no nível físico, mas apenas começa nele... nosso chamado à maternidade não é de maneira alguma diminuído ou negado por... uma inabilidade de fisicamente gerar filhos. *Todas as mulheres são feitas para gerar vida.*[5]

Embora a citação acima seja dirigida às mulheres, ela também serve para homens. Gosto de pensar no chamado

---

[5] Johnnette S. Benkovic. *Full of Grace: Women and the Abundant Life*. Cincinnati: Saint Anthony Messenger Press, 2004.

para uma família de duas pessoas no contexto de uma vocação e um estado de vida. Nossa vocação fundamental de cristãos está enraizada no batismo. Todo batizado é chamado à santidade e a compartilhar da missão de Cristo. Deus chama certos homens na Igreja para a vocação da santa ordem como diáconos, padres e bispos. Deus chama outros homens e mulheres a consagrarem suas vidas como irmãs, freiras, irmãos e monges. E, finalmente, Deus chama a maioria dos outros membros fiéis leigos à vocação do matrimônio. Entretanto, alguns membros do laicato vivem seu chamado batismal à santidade no contexto de uma vida solitária. Cada um desses caminhos é um dom de Deus para a pessoa que o recebe. Em todos esses estados de vida, somos chamados a estar em um relacionamento de doação com outros, para cuidar da nossa Igreja e do nosso mundo. Somos chamados a fazer uma oferta sincera de nós mesmos e nos unirmos à cruz de Jesus com o propósito de produzir vida.

Enquanto a maioria das pessoas na Igreja é chamada para a vida conjugal, e a maioria dos casais seja chamada à paternidade, a maioria dos clérigos, religiosos e solteiros não é chamada à paternidade. Todos descobrem como ter vidas felizes e repletas de significado fora da paternidade. Além de nutrir seu relacionamento com Deus e um com o outro, casais que não têm filhos podem contemplar suas contrapartes em outros estados de vida para ter ideias de como viver seu chamado de serviço de doação de vida. Sua primeira prioridade será sempre o relacionamento com

Deus (verdadeiro para todos os católicos), e sua segunda prioridade será sempre o relacionamento com seu/sua esposo/a (verdadeiro para todos os católicos casados). Qual é sua terceira prioridade? Pode ser sua carreira, trabalho voluntário, o cuidado de seus pais idosos, sobrinhos e sobrinhas, ajudar os pobres, unir-se a organizações não governamentais ou mesmo se tornar missionários. Descobrir a resposta para essa questão traz inúmeras possibilidades! É hora de sonhar novos sonhos e procurar em seu coração pelo lugar onde seus desejos mais intensos encontram as necessidades mais profundas do mundo. Essa é a sua terceira prioridade. Esse é o caminho que Deus chamou vocês a trilhar como uma família de duas pessoas. Essa é a tarefa da sua vida, e é um dom de Deus a ser abraçado com alegria.

Colhendo frutos no deserto

Guiado pelo Espírito Santo, Cristo jejuou e orou por quarenta dias no deserto, em preparação para empreender a missão dada por Deus Pai. No deserto, Cristo sentiu fome, lutou contra a tentação e dependeu completamente do Pai para satisfazer cada uma das suas necessidades. Após sair do deserto, ele começou sua vida pública, convidando outros a se arrepender e acreditar no Evangelho.

Jesus disse que segui-lo envolveria carregar a nossa cruz cada dia. A infertilidade é uma jornada distinta que alguns de nós são chamados a empreender, e, embora traga grande sofrimento, Deus pode usar isso para produzir grandes frutos em nossa vida. Se meus pais não tivessem passado pela infertilidade, eles não teriam adotado meu irmão e minha irmã. Se o mesmo não tivesse acontecido com meu marido e eu, não teríamos adotado nosso filho e nossa filha. Eu também não teria meu segundo filho, que veio para nós através de uma inexplicada e praticamente milagrosa gravidez. Como mãe desses três preciosos anjos, não ouso sequer cogitar a vida sem cada um deles.

Através da infertilidade, Deus também enriqueceu nossa vida com a cultura coreana e me deu duas das minhas melhores amigas, que também adotaram seus filhos na Coreia do Sul e preservaram minha sanidade em mais de uma ocasião. Deus também conduziu meu marido e eu para um caminho em nossas vidas que nos permitiu hospedar uma estudante de intercâmbio vinda da Coreia do Sul, que agora é como mais uma filha para nós. Ela decidiu se tornar católica e agora é minha afilhada de batismo. Embora tenha voltado para seu país, onde vive com seus pais, ela sabe que sempre pode vir para nossa casa. Nós continuamos em contato com ela do outro lado do oceano. Todos esses maravilhosos relacionamentos de doação floresceram porque Deus nos habilitou a utilizar a infertilidade para trazer grandes frutos para nossa vida e para a vida dos outros.

Deus também usou a infertilidade para fortalecer meu casamento e meu relacionamento com meus pais e irmãos. Quando Deus me deu força de vontade para resgatar meu corpo da infertilidade e perder o peso que ganhei devido à tristeza, ele me conduziu a um estado de saúde física e confiança que eu jamais havia experimentado. Ele mudou minha vida para sempre. Sou a pessoa que sou hoje porque Deus me ergueu da morte que a infertilidade infligiu a mim. A infertilidade me forçou a encontrar novas formas de ser frutuosa, e eu direcionei minha energia criativa para a culinária, um *hobby* terapêutico (e útil), sem o qual eu talvez tivesse ficado maluca muitas e muitas vezes. Agora sou viciada em cozinhar e degustar, e não posso imaginar minha vida sem minha cozinha (sei que meu marido também contará isso como uma bênção).

Eu provavelmente nunca teria praticado Tae Kwon Do ou participado de uma corrida se nós inicialmente fôssemos capazes de conceber. Foi uma bênção perceber que, apesar de não conseguir engravidar, fisicamente podia fazer outras coisas espetaculares. A infertilidade causou uma desconexão entre meu eu interior e o meu corpo, como se os dois estivessem em guerra. Muitas mulheres compartilham dessa experiência. Para mim, atividades físicas saudáveis me trouxeram de volta para o meu corpo de muitas formas e fizeram de mim uma pessoa mais saudável.

Por causa da infertilidade, fui tocada a pedir à diocese onde eu trabalhava como capelã para iniciar um programa beneficente de adoção, e com isso ela se tornou a primeira diocese católica nos Estados Unidos a oferecer assistência financeira e folgas remuneradas a seus funcionários que estavam construindo suas famílias através da adoção.

Através da minha infertilidade, Deus colocou em meu coração a iniciativa de um ministério católico para casais que a enfrentam. E me senti chamada por Deus a escrever este livro, que tem sido uma experiência muito enriquecedora para mim, na esperança que traga muitos frutos para a sua vida também.

Em suma, Deus usou a infertilidade para me transformar na pessoa que sou hoje, que imagino ser mais próxima daquela pessoa que ele me criou para ser, do que a que eu era antes. Ele me recriou completamente, permitindo-me sofrer a dor de ser infértil. E desse lado da experiência, posso honestamente dizer sem a mínima hesitação que sou muito grata a Deus pelos frutos que a cruz da infertilidade me trouxe.

Como Jesus, o deserto que se fechou sobre nós nos chamou para um grande sofrimento, ardente desejo e radical dependência de Deus. Ele nos deu uma oportunidade de permitir a Deus esclarecer para nós o que ele desejava para nós e de nós. A infertilidade levou a cada um de nós para essa experiência de deserto, mas Deus esteve ao nosso lado durante toda a jornada. Se nos mantivermos na sua presença e no seu amor, ele nos permitirá produzir grandes frutos em nossa vida. Esses frutos podem ou não incluir filhos biológicos, adotivos, afilhados afetivos ou uma família de duas pessoas. Seja qual for o futuro que Deus tem em mente para nós, é melhor que qualquer coisa que possamos imaginar. Rumar para esse futuro com ele, dependendo dele para nos dizer qual deve ser o próximo passo, nos ensinará a confiar nele. Essa confiança tem tremendo valor e é o fruto mais importante que produzimos no deserto. De fato, a confiança radical em Deus e um abandono profundo de si à sua vontade é o único caminho para fora do deserto.

Questões para reflexão e discussão

- Você consegue imaginar a si ou seu/sua esposo/a discernindo um chamado à adoção? Se sim, quais são suas preocupações, temores ou questionamentos?
- Se você estiver desejando discernir um chamado à adoção, qual é a sua consideração mais importante: idade, saúde, etnia, cor ou sexo da criança? O tipo de cuidado que a criança recebeu antes da disponibilidade? O tempo que levará, a confiabilidade do processo, os cursos preparatórios?
- Você consegue imaginar a si ou seu/sua esposo/a discernindo um chamado ao apadrinhamento afetivo? Se sim, quais são suas preocupações, temores ou questionamentos?
- Você consegue imaginar a si ou seu/sua esposo/a discernindo um chamado a uma família sem filhos como uma possibilidade? Se sim, quais são suas preocupações, temores ou questionamentos?
- Você consegue identificar algum caminho pelo qual Deus tenha usado sua infertilidade para trazer coisas boas para a sua vida e a vida de outros?
- O que você gostaria de compartilhar com seu/sua esposo/a a respeito de sua reflexão?

Para amigos e familiares

Descobrir que seus entes queridos estão considerando alternativas à paternidade biológica pode trazer alívio ou desapontamento. Por mais difícil que seja, será bom se você tentar ficar do lado deles nessa experiência. Sim, as decisões deles irão impactar sua vida de alguma forma, especialmente se você for pai ou mãe de um deles. Mas você deve tentar confiar na vontade de Deus para a vida deles, do mesmo modo com que eles esperam aprender a confiar nele. Mais do que qualquer coisa, uma atitude positiva de abertura e sensibilidade de sua parte será já uma boa parte do apoio que eles precisam para mover-se rumo a seu futuro.

Oração

Protege-me, ó Deus: em ti me refugio.
Eu digo ao Senhor: "És tu o meu Senhor,
fora de ti não tenho bem algum".
O Senhor é a minha parte da herança e meu cálice.
Nas tuas mãos, a minha porção.
Para mim a sorte caiu em lugares deliciosos,
maravilhosa é minha herança.
Bendigo o Senhor que me aconselhou;
mesmo de noite meu coração me instrui.
Sempre coloco à minha frente o Senhor,
ele está à minha direita, não vacilo.
Disso se alegra meu coração, exulta a minha alma;
também meu corpo repousa seguro.
O caminho da vida me indicarás,
alegria plena à tua direita, para sempre.

(Salmo 15[16],1-2;5-9;11)

CAPÍTULO 10

Seguindo a Deus em meio ao sofrimento

> Meu Deus, meu Deus, por que me abandonaste?
> Ficas longe apesar do meu grito e das palavras do meu lamento?
> Meu Deus, te chamo de dia e não respondes,
> grito de noite e não encontro repouso.
> (Salmo 21[22],2-3)

Tecnicamente nós não somos inférteis. Concebemos sete vezes. Seis gestações terminaram em aborto espontâneo, e uma como um natimorto.[1] Depois que nossa primeira filha morreu, às vinte e sete semanas, fiquei com raiva de Deus. Ainda amava Deus e ia à Igreja, mas parei de rezar pelo dom de uma criança. Eu pensei: "Que bem pode fazer rezar por algo, se Deus sabe como isso vai acabar, de qualquer jeito?". Rezei

---

[1] Um aborto espontâneo é uma gravidez interrompida antes da sua viabilidade, até a vigésima semana. Um natimorto é uma interrupção bem posterior e mais rara, quando o bebê morre no útero em algum momento entre a viabilidade e o fim da gestação.

> tão fervorosamente e minha garotinha morreu mesmo assim. Era um momento difícil da minha relação com Deus. Acreditava nele com todo o meu coração, mas achava que ele não me amava. Eu me sentia sozinha e abandonada, como uma pequena vida em meio a um turbilhão de coisas.
>
> Descobri que ele me ama incondicionalmente. Acho que vivemos em um mundo danificado. A vida não é livre de dor; as coisas não são justas. Deus tornou possível para nós a adoção. Somos abençoados por ter nosso filho. Acho que Deus é bom. Ele nos aproximou – duas pessoas que desesperadamente queriam uma criança – de nosso filho, uma criança que desesperadamente precisava de pais. Isso não é perfeito?
>
> – T. E.

Por que eu, Senhor?

Muitos casais que passam pela dor da infertilidade começam a questionar sua relação com Deus. Alguns podem até começar a se sentir abandonados por Deus e culpá-lo por sua condição. É difícil de compreender como um Deus Todo-poderoso, que nos ama incondicionalmente, pode permitir que isso aconteça. Eles podem se perguntar se estão sendo punidos por alguma razão, talvez até acreditar que Deus não queira que eles sejam pais. Embora tais pensamentos e sentimentos sejam comuns, eles representam uma incompreensão fundamental sobre Deus e a origem do sofrimento humano. Apesar de ser tentador acreditar que, já que Deus é Todo-poderoso, tudo que acontece em nossa vida deve ser sua ação, absolutamente não é esse o caso.

Nossa fé católica nos ensina que Deus é o autor do bem, da beleza, da vida e do amor. No primeiro capítulo do Gênesis, lemos que Deus olhou para tudo que havia criado e viu que era bom. Deus trabalha apenas para trazer o bem. Deus não cria o sofrimento e a morte. Deus nunca deseja diretamente qualquer coisa do tipo. O mal, de fato, é a ausência de um bem que deveria estar presente.

Deus deseja apenas a completude da vida para os seus filhos, como sempre desejou por toda a eternidade. A humanidade foi criada com o livre-arbítrio, de modo que ela sempre tivesse uma relação harmoniosa com Deus, um com o outro e com o mundo criado. No Jardim do Éden, Adão e Eva não sentiram dor, tristeza ou morte. Todos nós sabemos dos rios que fluíam, da vegetação florescente, de criaturas pacíficas, imortalidade, da companhia perfeita um do outro e de Deus (veja Gn 1 e 2).

Mas no terceiro capítulo do Gênesis, o pecado entra em jogo. Aqui encontramos o mistério da condição decaída da humanidade. Embora eles tivessem tudo que pudessem precisar para a verdadeira e duradoura felicidade, nossos primeiros pais, livre e intencionalmente, escolheram desobedecer a Deus. Adão e Eva fizeram exatamente o que Deus lhes disse que não fizessem, e comeram o fruto que lhes era proibido. Acreditando na mentira da serpente, eles sacrificaram a verdadeira e eterna felicidade humana – a vida que Deus desejou para todos nós – por causa do desejo de se tornarem como Deus.

Essa história da nossa origem humana lança a base para o que os católicos chamam de "pecado original". O *Catecismo* explica: "É um pecado que vai ser transmitido a toda a humanidade por propagação, quer dizer, pela transmissão de uma natureza humana privada da santidade e justiça originais. E é por isso que o pecado original se chama 'pecado' por analogia: é um pecado 'contraído' e não 'cometido'; um estado, não um ato".[2]

Por causa desse primeiro pecado, o sofrimento e a morte entraram na experiência humana e assumiram um papel na vida de cada ser humano.

Essa viagem teológica ao Livro de Gênesis não pretende ser um tipo de aula dominical vaga. Serve para explicar como o mundo originalmente perfeito de Deus se tornou imperfeito e que isso não é um ato dele. Eu gostaria de insistir que:

- Deus não criou a infertilidade.
- Deus nunca pune alguém com a infertilidade.
- Deus não deseja a infertilidade para qualquer um de nós.

Deus fez a nós e toda a sua criação sem defeitos, e o pecado nos desfigurou. Todas as formas de sofrimento humano – incluindo a infertilidade – são resultado do pecado original. Se sentimos que devemos culpar alguém ou algo por nossa infertilidade, devemos culpar a pecabilidade

---

[2] CIC, 404.

humana. Não podemos, portanto, culpar Deus. Deus nos ama incondicionalmente e ele interviu ao longo da história humana para nos curar e nos redimir.

A infertilidade, de fato, levanta profundos questionamentos, mas certamente não é uma punição infligida por uma divindade distante e sem coração. Ela não deveria acontecer de jeito nenhum. É meramente o resultado de uma ou mais coisas dando errado com o sistema reprodutivo humano. Esse sistema é delicado e intrincado, e mesmo em casos de infertilidade sem causa aparente, alguma coisa fisicamente está errada de alguma forma. Por que isso acontece? Não existe explicação satisfatória. Como outras doenças e deficiências físicas, a infertilidade ocorre porque vivemos em um mundo imperfeito.

> No entanto, na sua sabedoria e bondade infinitas, Deus quis livremente criar um mundo "em estado de caminho" para a perfeição última. Este devir implica, no desígnio de Deus... [a existência do] mais perfeito, com o menos perfeito; as construções da natureza, com as suas destruições. Com o bem físico também existe, pois, o *mal físico*, enquanto a criação não tiver atingido a perfeição.[3]

O pecado original desfigurou toda a criação, incluindo a nós. Mas, em seu grande amor por nós, Deus enviou o seu Filho Jesus Cristo para nos encontrar no deserto da nossa humanidade decaída e nos guiar para a salvação, para que tivéssemos a oportunidade de nos tornarmos

---

[3] Ibid., 310.

quem Deus nos criou para ser e viver para sempre em eterna felicidade com ele.

Perdida no deserto

A palavra "deserto" vem do latim *desertum*, que significa "lugar abandonado". Infertilidade é exatamente isso. Em um deserto, é fácil se perder e se sentir abandonado. A navegação durante o dia é difícil, e a navegação à noite requer um conhecimento avançado das estrelas. Viajantes do deserto são conhecidos por morrerem enquanto vagam em círculos, a pouca distância de um poço que lhes poderia salvar a vida. O único jeito seguro de viajar pelo deserto é com um guia experiente.

Quando os israelitas vagaram pelo deserto por quarenta anos após seu êxodo da escravidão no Egito, eles se sentiram abandonados por Deus. Eles se sentiram perdidos e sozinhos em uma terra desconhecida sem ter o que beber ou comer. Mesmo assim, Deus não lhes abandonou. Ele aparecia para eles como uma coluna de nuvens de dia e um pilar de fogo à noite, guiando-os através do deserto (veja Ex 13). Deus também milagrosamente forneceu aos israelitas água da rocha e o maná dos céus, do qual eles fizeram pão (veja Ex 16 e 17). Essas comida e bebida celestiais preservaram suas vidas até que eles alcançassem a Terra Prometida.

Como nossos ancestrais israelitas, nós que passamos pela infertilidade podemos também nos sentir perdidos e sozinhos, como se Deus nos tivesse abandonado. Temos fome e sede de um filho como os israelitas estiveram famintos e sedentos no deserto. Nosso desejo por uma criança é tão forte que às vezes nos sentimos como Raquel e clamamos a Deus: "Dá-me filhos, senão eu morro!" (Gn 30,1). A dor lancinante da infertilidade ameaça desmantelar completamente nossa vida. Mesmo assim, Deus nunca nos abandonará. *Ele nos ama e nos deseja muito mais que nós desejamos um filho.* Quando nos sentimos profundamente abandonados por Deus, ele nos diz: "Acaso uma mulher esquece o seu neném, ou o amor ao filho de suas entranhas? Mesmo que alguma se esqueça, eu de ti jamais me esquecerei! Saberás, então, que eu sou o Senhor, jamais fracassa quem em mim confia" (Is 49,15.23c).

Deus é nosso Pai. Ele nos criou e nos ama. Ele é fiel e jamais nos abandonará. Estejamos ou não cientes da sua presença, Deus está conosco, amando-nos incondicionalmente, a cada momento de nossa vida. Ele estava lá quando casamos. Ele estava lá quando desejamos pela primeira ver nos tornar mães. Ele estava lá cada vez em que tentamos conceber, e ele estava lá quando líamos o resultado negativo de cada teste de gravidez. Deus estava lá no começo de cada novo ciclo, quando percebíamos que não estávamos grávidas. Ele estava lá quando nossos médicos nos contaram o diagnóstico. Ele estava lá quando nossa gravidez terminou no horror do aborto espontâneo. Deus sempre esteve conosco, amando-nos e buscando-nos. Ele está conosco neste exato momento, amando-nos e desejando nos conduzir para nosso futuro.

Deus deu aos israelitas a água tirada da rocha e o maná caído dos céus. O que Deus nos dá para preservar nossas vidas quando estamos famintos e sedentos por um filho no deserto? Ele nos dá seu Filho, Jesus Cristo.

São Paulo nos diz que, quando Deus deu a água para os israelitas, aquela água era verdadeiramente o Cristo (veja 1Cor 10,4). Nosso Senhor nos diz que a Eucaristia, seu corpo e sangue, é verdadeira comida e verdadeira bebida enviados dos céus para nos dar a vida (veja Jo 6,48-51). O próprio Jesus é o nosso guia e nosso norte no deserto. Ele quer que nos apaixonemos por ele tanto quanto ele é apaixonado por nós. *Ele nos ama e nos deseja muito mais que nós desejamos um filho.* Quando recebemos Jesus na Eucaristia, nós somos envolvidos nesse seu amor por nós. Ele nos ama tanto que morreu por nós, para que pudéssemos ficar com ele para sempre. Ele já atravessou a estrada da dor e da perda e conhece o caminho que está à nossa frente. Ele pode ver muito além da tempestade que cai sobre nós e, sozinho, pode nos guiar através dela para o lugar onde o deserto acaba.

Senhor do deserto

Nós temos muitas boas razões para confiar em Jesus para nos guiar através da dor da nossa infertilidade e duas em particular que considero bem atraentes. A primeira é que Jesus nos ama incondicionalmente; e a segunda é que ele já sofreu a dor e a perda através da sua própria morte, então ele compreende nosso sofrimento completamente. Enquanto encaramos nossa dor e sofrimento, podemos aprender a imitar Jesus quando ele sofreu por nós. Jesus, o Filho de Deus, proclamou a vinda do Reino de Deus e convidou as pessoas a se afastarem do pecado e retornarem à íntima relação com Deus. Jesus realizou muitos milagres, curou muitos doentes, reuniu e instruiu uma comunidade de seguidores. Seus ensinamentos e seu ministério chamaram a atenção dos líderes políticos e religiosos de sua época e eles, por fim, o sentenciaram à morte por crucifixão.

Os católicos se referem aos eventos que conduziram à sua morte como a Paixão de Cristo. A palavra "paixão" vem do grego *pascho*, que significa "eu sofro". Antecipando seu próprio sofrimento e morte, Jesus preparou seus discípulos para eles. Na noite anterior à sua morte, Jesus partilhou a Eucaristia com seus discípulos, instituindo essa refeição como um sacrifício perpétuo, dando para sempre para a Igreja os meios de receber a graça da salvação que ele conquistou para nós quando morreu e ascendeu. Depois da ceia, Jesus e seus discípulos foram para o Jardim do Getsêmani, onde Jesus começou a mostrar sinais da profundidade de seu sofrimento.

Em sua humanidade, Jesus experimentou momentos de profunda dor e sofrimento, foi abandonado por seus amigos, que não faziam ideia do que estava se passando. Mesmo seus amigos mais próximos, Pedro, Tiago e João, ficaram tão emocionalmente exaustos que não conseguiram sequer ficar acordados para vigiar com ele durante a noite. Não podemos todos nos identificar com essa experiência? Mesmo nossos amigos mais íntimos, possivelmente mesmo nossos esposos, às vezes não têm ideia de como nos apoiar em nosso sofrimento. Nós frequentemente nos encontramos completamente sozinhas com Jesus em nosso jardim de agonia.

Então, Jesus caiu ao chão e rezou intensamente, implorando para ser resgatado da morte: "Abbá! Pai! tudo é possível para ti. Afasta de mim este cálice! Mas seja feito não o que eu quero, porém o que tu queres" (Mc 14,36). Quantas horas gastamos implorando a Deus para que levasse embora o nosso sofrimento? Jesus não apreciava a ideia do sofrimento físico. Pelo contrário, ele implorou a Deus para ser protegido dele. Mas por ter confiança no amor do Pai por ele, embora tenha dito "Sinto uma tristeza mortal" (Mt 26,38), Jesus ainda estava disposto a aceitar a resposta de seu Pai. Não deveríamos também rezar pela graça de ter um espírito tão disposto, pronto para seguir qualquer direcionamento de Deus?

Jesus sabia que seria traído, negado, torturado e morto. No Jardim do Getsêmani, ele entreviu incomensuráveis dores e sofrimento em seu futuro. Contudo, ao invés de confiar em seu próprio entendimento humano, confiou seu futuro ao Pai. Não são felizes para nós, os benefícios do ato de redenção de Jesus? Que maravilhas Deus pode fazer quando nós o seguimos, não importando o custo.

Do mesmo modo, Deus pode usar o nosso sofrimento presente para trazer grande bem para nossa vida se nós permitirmos, ainda que não compreendamos completamente por ora.

Jesus conhece a nossa solidão e o nosso desejo de fugir ao sofrimento. Ele também conhece a profundidade da nossa tristeza. Ele está conosco agora, amando-nos, esperando que nos abandonemos no seu abraço curador. Se buscarmos a sua vontade, ele poderá guiar-nos a salvo através do deserto até que alcancemos o seu fim.

Embora Jesus tenha dado sua vida obedientemente por amor a nós, ele sofreu enormemente. Ele foi espancado, humilhado e envergonhado, despido de toda a dignidade. O belo crucifixo pendurado na igreja mascara o fato de que Jesus morreu ensanguentado, escoriado e nu, para todos verem. O quão isso é similar à nossa experiência de infertilidade? Quantas vezes ficamos despidas diante de estranhos, exceto pelo avental hospitalar? Quantas vezes fomos espetadas e cutucadas, examinadas por médicos e enfermeiras? Quantas vezes nossos corpos foram devastados por cirurgias e medicamentos de fertilidade? Mesmo os tratamentos e exames de fertilidade mais superficiais podem expor nossa intimidade com nosso esposo a exames clínicos, questionários indiscretos e escrutínio degradante. Com Cristo, todos nós usamos uma coroa de espinhos: "Os soldados trançaram uma coroa de espinhos, a puseram na cabeça de Jesus e o vestiram com um manto de púrpura. Aproximavam-se dele e diziam: 'Viva o Rei dos Judeus!'; e batiam nele" (Jo 19,2-3).

Pendurado na cruz nos momentos finais de sua vida, Jesus clamou a Deus na aflição citando as primeiras palavras do Salmo 22, dizendo "Meu Deus, meu Deus, por que me abandonaste?" (Mt 27,46). Jesus compreende totalmente o que significa se sentir perdido e abandonado por Deus. Entretanto, embora a narrativa do Evangelho não registre Jesus recitando o Salmo completo, certamente Jesus sabia que esse Salmo termina em esperança e confiança. Jesus sabia que seu Pai jamais o abandonaria. Apesar de estar enfrentando tremenda dor e sofrimento, Jesus sabia que seu Pai nunca o havia deixado. Ao invés disso, Jesus confiou nele para ter forças e dar seu último suspiro, confiando seu futuro a seu amado Abbá, mesmo a poucos momentos da morte.

A Igreja Católica tem uma ideia antiga e venerável que, infelizmente, pode ter passado despercebida por muitos de nós em nossa catequese – o conceito de sofrimento redentor. É a ideia de que embora o sofrimento humano seja uma coisa horrível e não seja algo provocado por Deus, nós podemos e devemos permitir que ele use esse sofrimento para realizar boas obras enquanto o vivenciamos. Essa ideia pode nunca ganhar um concurso de popularidade, já que a maioria de nós tentará evitar o sofrimento, se puder. Mas, em momentos na vida em que não pudermos evitá-lo, podemos oferecer a Deus nosso sofrimento para nos unirmos ao sacrifício perfeito de Cristo na cruz. Como

São Paulo disse: "Completo, na minha carne, o que falta às tribulações de Cristo em favor do seu Corpo que é a Igreja" (Cl 1,24b).

Lembra a velha frase "ofereça isso"? Ainda se aplica. É por isso que católicos ainda fazem penitência após confessarem seus pecados e ainda praticam o jejum e a abstinência, especialmente durante a Quaresma, quando fica em foco a Paixão de Cristo. Nosso sofrimento tem um potencial redentor, isto é, pode trazer um bem, se nós permitirmos que Deus o use para seus propósitos. Embora nós nem sempre enxerguemos ou compreendamos os frutos de nosso sofrimento imediatamente (alguns jamais irão enxergar), podemos confiar que Deus trará o maior bem possível se nos entregarmos à sua graça. Este é um dos muitos meios de colhermos frutos no deserto. É claro que nós preferiríamos não estar no deserto, mas, já que estamos, que bem podemos permitir que Deus traga para nós?

Por causa de seu amor por nós, Jesus sofreu e morreu para pagar por nossa culpa e desfazer as consequências do pecado original, bem como para nos oferecer a possibilidade de salvação. Jesus usou a dor e a morte para ter a última palavra sobre o pecado e o mal e abrir novamente o caminho para a vida eterna. Por esse seu ato único de obediência, Jesus desfez a desobediência de Adão e Eva.

Por causa de seu amor por nós, Jesus ascendeu para a vida nova na ressurreição, tornando-se uma fonte de cura e graça para aqueles que acreditam nele. *Ele nos ama e nos deseja muito mais que nós desejamos um filho.* Se nós entregarmos o sofrimento da nossa infertilidade a Jesus e nos abandonarmos em seu abraço de amor na cruz, abrir-nos-emos para sua graça restauradora. Deus tem o poder de nos curar física, emocional e espiritualmente. Cabe a nós pedir a ele por essa cura e aceitá-la da forma que vier.

Questões para reflexão e discussão

- Que efeito a sua experiência de infertilidade teve no seu relacionamento com Deus? Ou que impacto o seu relacionamento com Deus teve na sua experiência de infertilidade? Descreva.

- Após ler este capítulo, como você compreende a causa última da sua infertilidade? Como pode responder à questão "Por que eu, Senhor?".

- Você acredita que Deus ama e deseja você mais que você deseja um filho? Como isso faz você se sentir?

- Relembre todos os momentos significativos da sua jornada de infertilidade, imaginando Jesus com você em cada um deles. Recorde o grande amor dele por você e permita que ele fale ao seu coração pela oração, enquanto você relembra esses momentos de dor e sofrimento.

- Como se sente ao saber que Jesus sofreu o abandono, que ele pediu a Deus para afastar o seu sofrimento, que disse que poderia morrer de tristeza e que foi despido de toda a dignidade?

- Você acha que poderia rezar com Jesus: "Senhor, seja feito não como eu quero, mas como tu queres"? O que precisaria para poder fazer essa prece por si mesma? Com a ajuda da graça de Deus, você acha que poderia fazer isso e se abandonar a Deus e confiar seu futuro a ele?
- Ao oferecer seu sofrimento a Deus, que bem acha que ele trará para você? Que fruto você poderia colher no deserto?
- O que você gostaria de compartilhar com seu/sua esposo/a a respeito da sua reflexão?

Para amigos e familiares

Pessoas que passam pelo problema da infertilidade geralmente se sentem isoladas e abandonadas, talvez até mesmo por Deus. Dê o seu melhor para ser uma fonte de apoio emocional e encorajamento. Tente levar seu sofrimento tão a sério quanto elas. Tente mantê-las conectadas a você e a outras pessoas queridas. Se puder, lembre-as de que Jesus sabe exatamente o que estão passando, que está sempre com elas e as ama, e que tem um plano já em andamento para elas.

Oração

Tu que estás sob a proteção do Altíssimo
e moras à sombra do Onipotente, dize ao Senhor:
"Meu refúgio, minha fortaleza,
meu Deus, em quem confio".
Ele te livrará do laço do caçador, da peste funesta;
ele te cobrirá com suas penas,
sob suas asas encontrarás refúgio.
Sua fidelidade te servirá de escudo e couraça.
Pois teu refúgio é o Senhor;
fizeste do Altíssimo tua morada.
Não poderá te fazer mal a desgraça,
nenhuma praga cairá sobre tua tenda.

(Salmo 90[91],1-4.9-10)

CAPÍTULO 11

Chegando ao fim de nossa jornada

> O Senhor dos exércitos dará nesta montanha
> para todos os povos um banquete.
> Ele acabou com a morte para sempre.
> É nesta montanha que repousa a mão do Senhor.
> (Isaías 25,6ab.8a.10)

Para mim, a infertilidade foi definitivamente uma experiência de crescimento da fé. Meu marido e eu descobrimos, quando ainda estávamos namorando, que provavelmente não poderíamos conceber. Depois de casarmos e começarmos a tentar engravidar, decidimos que insistiríamos nisso apenas por alguns anos, e que nós não usaríamos tecnologias de reprodução assistida. Ainda que eu desejasse ficar grávida desde que conseguia lembrar-me, Deus nos mostrou que era mais importante nos tornar pais do que termos um filho biológico. Sua vontade para nós nos conduziu para a adoção.

> Mas sempre me lembrarei de algo que aconteceu durante minha experiência com a infertilidade. Uma noite, durante o período em que estávamos tentando engravidar, eu estava dirigindo para casa vindo do grupo de estudos da Bíblia, ouvindo uma rádio católica. Uma mulher que estava falando sobre a sua luta contra a infertilidade disse que rezou para amar a Deus e querer a sua vontade para a vida dela mais do que ela queria um bebê. Aquele pensamento me atingiu e permanece comigo até hoje. Eu me apeguei àquela oração e tentei fazer dela a minha própria. Todos os dias me recordo que a sua vontade para a minha vida é mais importante que qualquer outra coisa que eu possa querer.
>
> – J. T.

Uma pessoa que parte em uma jornada geralmente tem um destino particular em mente. Quando colocamos o primeiro pé na estrada que desejávamos que nos levasse para a paternidade, nossa percepção de destino era a gravidez. Nós não antevimos que nosso caminho nos levaria para o deserto. Porém, foi ali que acabamos. Não era o destino que pretendíamos, mas foi aquele para o qual Deus nos acompanhou.

De início acreditávamos que o deserto era apenas um desvio em nossa rota, e desesperadamente buscamos por um jeito de sair dele para que pudéssemos mirar na paternidade outra vez. Encaramos nosso período de sofrimento ali com a esperança de que estivéssemos apenas de passagem e a gravidez estaria logo após a próxima colina. Quando essa colina se tornou um precipício que agudamente mergulhava num abismo, nós percebemos que teríamos que permitir que Deus traçasse um novo percurso para nós. Teríamos que deixar Jesus nos guiar por esse terreno nada familiar. Ao fazer isso, nosso sofrimento não terminou. Pelo contrário, estava apenas começando.

Jesus não prometeu aos seus seguidores um caminho fácil, nem garantiu que a vida seria repleta de alegria e contentamento. Ao contrário, ele falou sobre tomarmos nossa cruz e o seguirmos. Seguir Jesus significa segui-lo no caminho para o Calvário sem reclamar. "Quem ama pai ou mãe mais do que a mim, não é digno de mim. E quem ama filho ou filha mais do que a mim não é digno de mim. E quem não toma a sua cruz e não me segue, não é digno de mim. Quem buscar sua vida a perderá, e quem perder sua vida por causa de mim a encontrará" (Mt 10,37-39). Graças a Deus a cruz leva ao sepulcro vazio – a morte eventualmente leva à ressurreição.

Tais palavras são muito duras de se ouvir para aqueles cujo desejo ardente na vida é pelo dom de uma criança. Mas Jesus não nos forçará a segui-lo. Certamente, se nós desejamos lá no fundo o preenchimento e a felicidade nesta vida e na próxima, então nós devemos seguir Jesus aonde quer que ele nos leve. Se o fizermos, seremos agraciados em encontrar os oásis no deserto. Eles são os locais onde podemos experimentar a felicidade e a recompensa terrenas, fontes de onde podemos beber e comunidades nas quais podemos prosperar. Contudo, todos eles existem dentro do deserto da nossa experiência de vida e, às vezes, nosso caminho nos leva para longe dos oásis – fontes e felicidade terrena – direto para as tempestades.

Como eu frequentemente na oração retornava à imagem de mim e do meu marido nos agarrando ao Cristo no deserto, cegamente nos abraçando contra a tempestade desabando ao nosso redor, comecei a discernir nos olhos da minha mente um horizonte distante, um lugar onde o deserto encontrava o céu. Confiando na figura bíblica dos israelitas no deserto, e em Cristo com seus discípulos no monte onde ele foi transfigurado, passei a imaginar uma montanha no horizonte. Continuei rezando para Jesus me guiar para aquela montanha, torcendo desesperadamente para que ele tivesse uma criança para mim lá. Prometi continuar a confiar nele e segui-lo, mas precisava saber se ele tinha ou não crianças em mente para mim e, se sim, se elas seriam filhos biológicos ou adotados. Não sabia o que ele queria de mim, e erroneamente acreditei que precisava saber qual era o destino final para poder segui-lo. Porém, a imagem estava muito distante, muito ofuscada. Eu não conseguia enxergar direito. Apenas podia sentir Jesus implacavelmente me conduzindo adiante.

À medida que a tempestade diminuía e eu percebia, como então acreditei, que não engravidaria, redirecionei meu olhar espiritual para aquela montanha no horizonte. Embora ainda não conseguisse ver os seus detalhes, Jesus esclareceu-me que meu marido e eu não a alcançaríamos sozinhos. Enquanto nossos olhos estavam fixados no nosso destino final, nossos filhos repentinamente se uniram a nós em nossa caminhada com Cristo e começaram a trilhar conosco o percurso no deserto. Primeiro veio nosso fiel anjo John, rapidamente seguido por nosso tesouro cheio de esperança Joseph, e, mais recentemente, nossa amada alegria Lucianna. Eu percebi que o deserto nunca termina nesta vida e que Cristo, nosso guia, está finalmente nos guiando, não para a paternidade, mas para a vida eterna com ele. A montanha no horizonte, aquele lugar na distância nebulosa onde a areia encontra o céu, não é a paternidade, mas o próprio paraíso.

A infertilidade é uma parte de nossa jornada da vida toda para Deus. Ela irá eventualmente render ou um crescimento familiar pela gravidez, adoção ou apadrinhamento, ou uma família de duas pessoas. Seja qual o caminho traçado por Deus para nós, ele nos levará a um só lugar, desde que continuemos a seguir seu Filho. A graça do matrimônio, vivida em uma família com ou sem filhos, é um meio para um fim. A paternidade não é um fim em si mesmo, tampouco o é o matrimônio. São, sim, caminhos distintos pelos quais Deus nos conduz para nos levar à razão última da nossa existência: a vida eterna com ele nos céus.

Saibamos disso ou não, nós começamos a jornada da nossa vida no deserto, que é a condição humana. Antes mesmo de sermos gerados no útero de nossa mãe, Deus já tinha um plano para cada um de nós. O desejo mais profundo do coração de Deus é que façamos a livre escolha de estar em uma união íntima e eterna de amor com ele. É por isso que ele nos criou como espíritos encarnados. Nós não somos criaturas meramente físicas, condenadas a morrer e a jamais viver novamente. Nem somos anjos puramente espirituais. Somos completamente pessoas humanas, cujos corpos são destinados a morrer e ressurgir, unidos a almas imortais pela eternidade. Deus nos projetou para ansiar por ele. Fomos constituídos para nos relacionar com ele. Esse anseio por Deus em nosso coração é o seu plano para a pessoa humana, com a intenção de nos atrair a ele. Nada que a vida possa nos dar, nem mesmo filhos, jamais irá satisfazer verdadeiramente o desejo profundo em nosso coração. Deus nos fez à sua imagem e semelhança, um ato de amor criativo derramado do Amor que é o Pai, o Filho e o Espírito Santo.

Então por que Deus nos criou? Para sermos pais? Não. Para sermos casados? Não. Então por quê? Se você perguntar para seus pais ou avós, eles podem se lembrar da resposta que aprenderam quando crianças, apresentada no *Catecismo*. A simples, porém profunda resposta encontrada lá, é esta: "Deus nos criou para demonstrar sua bondade e para compartilhar conosco sua felicidade eterna nos céus".[1] Todas as outras prioridades na vida, por mais valiosas que sejam, vêm sempre depois dessa.

A maternidade fez de mim uma católica mais madura, me deu uma perspectiva mais ampla do que eu tinha, e

---

[1] *The Official Revised Baltimore Cathecism Number One*. New York: William H. Sadlier, 1944, 2.

aprofundou tremendamente a minha relação com Cristo. Ainda estou lamentavelmente longe de ser a pessoa que Deus me criou para ser, então ainda tenho muito trabalho a fazer, mas acredito que estou um pouquinho mais perto que antes. Jesus tem continuamente me ensinado de novo e de novo que seu amor e desejo por mim são maiores que meu amor e desejo por meus filhos. Quando meu marido e eu passamos pela infertilidade, pensei que meu destino final na vida, a montanha sagrada onde o deserto terminava, era a maternidade. Agora sei que isso era falso. Mais que isso, a maternidade é um dos caminhos que Cristo usa para me levar ao meu destino final: a vida eterna com ele. Se jamais tivesse me tornado uma mãe, Deus ter-me-ia dado outro caminho que levaria para a eternidade com ele. Se não sou uma mãe, quem eu *realmente* sou? Sou uma filha de Deus, destinada à vida eterna em uma relação íntima com ele. Embora às vezes eu deseje ser muitas outras coisas, isso é tudo o que realmente preciso ser.

Questões para reflexão e discussão

- Descreva a sua reação à seguinte afirmação: "A paternidade não é um fim em si mesmo".
- Você consegue imaginar que pode haver uma meta final em sua vida mais importante que a paternidade/maternidade? Se sim, como você descreveria essa meta?
- Você acha que reorientar a si mesma no caminho que conduz à vida eterna com Deus e direcionar seu olhar

para lá ajustaria sua perspectiva sobre sua infertilidade? Se sim, como?
- Ainda que nunca se torne mãe/pai, quem você acredita que seja no mais íntimo do seu ser?
- O que você gostaria de compartilhar com seu/sua esposo/a a respeito da sua reflexão?

Para amigos e familiares

O desejo por filhos pode se tornar uma missão exaustiva para quem está enfrentando a infertilidade. A busca pela gravidez pode ofuscar muitos outros aspectos da vida de uma pessoa e, às vezes, ocasionar uma perda de perspectiva. Enquanto você percorre essa jornada com seus entes queridos, dê o seu melhor para estar emocionalmente disponível, refletindo seus sentimentos de volta para eles e deixando-os saber que eles são ouvidos. Ao mesmo tempo, tente trazer um senso de perspectiva para ajudá-los a se concentrarem, se puder fazer isso de uma forma delicada, que eles possam ouvir e acolher. Se souber de mais alguém que precisa de orações, peça que seus amados amigos rezem por essas pessoas. Às vezes, focar nas necessidades dos outros ajuda a nos lembrar do quão abençoados somos. Por último, esteja preparado para deixar que eles lhe ensinem exatamente o que precisam de você para ajudá-los nessa experiência.

Oração

(Cântico de Simeão)

"Agora, Senhor, segundo a tua promessa,
deixas teu servo ir em paz,
porque meus olhos viram a tua salvação,
que preparaste diante de todos os povos:
luz para iluminar as nações
e glória de Israel, teu povo."

(Lucas 2,29-32)

APÊNDICE A

Orações para católicos que estejam enfrentando a infertilidade

Pai-nosso

Pai nosso que estais nos céus, santificado seja o vosso nome, venha a nós o vosso Reino, seja feita a vossa vontade, assim na terra como no céu; o pão nosso de cada dia nos dai hoje, perdoai-nos as nossas ofensas, assim como nós perdoamos a quem nos tem ofendido, e não nos deixeis cair em tentação, mas livrai-nos do mal. Amém.

Ave-Maria

Ave, Maria, cheia de graça, o Senhor é convosco; bendita sois vós entre as mulheres e bendito é o fruto do vosso ventre, Jesus. Santa Maria, Mãe de Deus, rogai por nós, pecadores, agora e na hora da nossa morte. Amém.

Salve-Rainha

Salve, Rainha, Mãe de misericórdia, vida, doçura, esperança nossa, salve! A vós bradamos, os degredados filhos de Eva, a vós suspiramos, gemendo e chorando neste vale de lágrimas. Eia, pois, advogada nossa, esses vossos olhos misericordiosos a nós volvei, e depois deste desterro mostrai-nos Jesus, bendito fruto de vosso ventre, ó clemente, ó piedosa, ó doce sempre Virgem Maria.

Lembrai-vos (*Memorare*)

Lembrai-vos, ó puríssima Virgem Maria, que nunca se ouviu dizer que algum daqueles que recorreram à vossa proteção, imploraram a vossa assistência e reclamaram o vosso socorro, fosse por vós desamparado.

Animado eu, pois, com igual confiança, a vós, Virgem entre todas singular, como à minha Mãe recorro; de vós me valho e, gemendo sob o peso de meus pecados, me prostro aos vossos pés. Não rejeiteis as minhas súplicas, ó Mãe do Filho de Deus humanado, mas dignai-vos de as ouvir e de me alcançar o que vos rogo. Amém.

Lembrai-vos de São José

Lembrai-vos, ó puríssimo esposo de Maria Virgem, ó meu doce protetor, São José, que jamais se ouviu dizer que alguém tivesse invocado a vossa proteção, implorado vosso socorro e não fosse por vós consolado e atendido. Com esta confiança, venho à vossa presença e a vós fervorosamente me recomendo. Não desprezeis a minha súplica, ó pai adotivo do Redentor, mas dignai-vos acolhê-la piedosamente. Amém.

Lembrai-vos de Sant'Ana

Lembrai-vos, ó boa Sant'Ana, cujo nome significa graça e misericórdia, que jamais se ouviu dizer que alguém tivesse invocado a vossa proteção, implorado vossa ajuda, ou procurado a vossa intercessão, e fosse deixado desamparado. Inspirado por esta confiança, eu venho a vós, pecador e pesaroso. Santa mãe da Imaculada Virgem Maria e amável avó do Salvador, não rejeiteis o meu apelo, mas escutai-me e respondei-me. Amém.

Oração às santas matriarcas e mulheres santas da Bíblia

Ó justa Sara, esposa de Abraão, santa Rebeca, esposa de Isaac, abençoada Raquel, esposa de Jacó, piedosa esposa de Manué, fiel Ana, esposa de Elcana, cara Sant'Ana, esposa de Joaquim, doce Isabel, esposa de Zacarias, todas vocês, santas matriarcas e mulheres santificadas, Deus as ouviu e atendeu suas preces para livrá-las do sofrimento da infertilidade. Com humildade e tristeza, eu recorro a vocês, para implorar a sua santa intercessão a nosso Senhor em meu nome. Por favor, supliquem ao Senhor para que cure meu corpo e minha alma das aflições que carrego e para colocar em meu útero o dom de uma criança, que eu possa criar para conhecer e amar ao Senhor nosso Deus, para servi-lo com a sua vida, e para estar com ele eternamente no mundo que há de vir.

Eu imploro e suplico a vocês que roguem para que me seja concedido esse favor, para que eu possa desfrutar dos benefícios espirituais da sagrada vocação da maternidade e, um dia, juntar-me a vossa companhia nos céus. Amém.

Oração a São Geraldo pela maternidade

Ó bondoso São Geraldo, poderoso intercessor diante de Deus, venho recorrer ao vosso auxílio. Suplique ao Senhor, doador de toda a vida, que me conceda a graça de conceber uma criança, se isso estiver de acordo com seu plano. Espero gerar filhos que serão fiéis discípulos de Jesus, testemunhas de sua mensagem de amor e herdeiros do Reino dos Céus. Amém.

Uma oração de um casal para São Geraldo

São Geraldo, poderoso intercessor diante de Deus, viemos recorrer ao vosso auxílio. Suplique ao Senhor, doador de toda a vida, que nos conceda a graça de trazer ao mundo uma nova vida, se estiver de acordo com a sua vontade. Nós desejamos e esperamos ser cocriadores no plano de Deus da criação, criar filhos que serão fiéis discípulos de Jesus, testemunhas de sua mensagem de amor e herdeiros do Reino dos Céus. Amém.

Oração de Santa Gianna Beretta Molla

Jesus, prometo me submeter a tudo que tu permitires recair sobre mim, apenas me faça conhecer a tua vontade. Meu dulcíssimo Jesus, infinitamente misericordioso Deus, terno Pai das almas, e de uma maneira muito particular do mais frágil, mais miserável e mais enfermo que tu carregas com especial ternura em teus divinos braços, eu venho a ti e peço, pelo amor e méritos do seu Sagrado Coração, a graça de compreender e de sempre fazer a tua santa vontade, a graça de confiar em ti, a graça de repousar seguramente através do tempo e da eternidade em teus amáveis braços divinos.

Oração para o começo de um novo ciclo

Amado Deus, ajudai-nos a começar novamente. Curai nossa tristeza e dai-nos esperança. Despertai a nossa fé, remendai nossos corações. Por favor, Deus, permiti que este seja o ciclo em que conceberemos uma criança. Aprofundai o nosso amor um pelo outro e fortalecei nosso casamento a cada vez que nos unimos como marido e mulher. Permiti que nosso amor frutifique e trazei-nos o dom de um filho. Em nossa longa espera, ajudai-nos a recordar que a vossa vontade para nossa vida, não a nossa, traz a verdadeira felicidade. Preparai nosso coração para aceitar a vossa vontade, seja qual for. Fazemos esta oração em nome de Cristo, nosso Senhor. Amém.

Oração no tempo da espera

Amado Jesus, tu sabes o quão desesperadamente quero ficar grávida. Ao me aproximar do fim deste ciclo, cada pontada e a menor dorzinha que sinto eleva as minhas esperanças. É muito cedo para saber se engravidei, e tarde demais para mudar o resultado. Ou eu engravidei ou não. Só tu sabes, Senhor. Meus pensamentos e energia são consumidos por meu desejo intenso. Eu tento me convencer de que não estou grávida para amenizar uma potencial decepção, mas tudo que eu desesperadamente espero é estar. E constantemente conto os dias desde o início deste ciclo, e conto os meses de possível gravidez à frente. Ajuda-me, Senhor, a dar meu coração a ti. Protege-me da dor que pode estar esperando-me, e conduze-me através dos próximos dias abrigada em teu amor, até que eu saiba se serei ou não mãe. Amém.

Oração no tempo da decepção

Ó Pai, estamos tão tristes! Por dias nós esperamos que os testes estivessem errados. Mas não estavam. Não estou grávida. Ó Deus, por favor, ajudai-nos, porque isso é tão duro! Envolvei-nos com vosso amor, curai nosso coração ferido, e consolai-nos na esperança do futuro. Amém.

Oração para passar pelas festividades

Senhor, para todo lugar que olho vejo pessoas felizes. Eu gostaria de poder estar feliz, mas não me sinto assim no momento. Não tenho um filho pelo qual ser grata. Não tenho uma criança para quem comprar presentes de Natal ou para quem cozinhar gostosuras. Não estou animada pelo começo de um novo ano ou por mais um aniversário sem um filho. Não consigo alegrar-me por estar cercada de pessoas rindo e cantando, quando sinto vontade de chorar. Eu não posso nem sequer ligar a televisão ou ir a um shopping sem me lembrar do que me falta. Ajudai-me a passar pelas próximas semanas, Senhor. Ajudai-me a focar no que eu tenho, especialmente no dom do vosso filho, Jesus, nosso Salvador. E eu rezo para que, no próximo ano, eu possa ter recebido a dádiva de um filho. Amém.

Oração para manter a esperança

Senhor, perdoai-me por perder a esperança. Eu caio tão facilmente na rotina emocional de pensar primeiro em meus próprios sofrimentos e desejos. Meus pensamentos blindaram meus olhos para as necessidades dos outros. Enquanto desejo desesperadamente ficar grávida, algumas mulheres neste exato momento estão desesperadamente desejando não ficar grávidas, talvez até considerando o aborto. Por favor, tocai o coração delas com o vosso amor. Concedei-lhes a graça de confiar o futuro de seus filhos a vós, seja dando-lhes a habilidade de ser mães, seja guiando-as a entregarem seus filhos para adoção. Mesmo que eu anseie por um filho, tantas crianças pelo mundo não têm pais para amá-las, são abandonadas ou negligenciadas. Por favor, permiti que a vida delas seja para sempre tocada pelo amor de uma família permanente. Senhor, por favor, guardai-me de perder meu senso de perspectiva, e continuai a abrir meus olhos a cada dia para as necessidades do meu próximo. Amém.

Oração para fazer a vontade de Deus

Ó Senhor, nós gostaríamos de saber a vossa vontade para nossa vida. Nós adoraríamos planejar o futuro, mas não podemos. Nós desesperadamente desejamos nos tornar pais e não estamos prontos para aceitar o fato de que podemos jamais conceber. Pensamos sobre a adoção, mas ainda não estamos certos sobre isso também. Estamos apavorados pelo pensamento de nunca termos um filho (*ou outro filho*). Por favor, permiti-nos saber o que vós quereis que façamos. Estamos prontos para seguir-vos, Senhor, mas vós sois silencioso. Nós sabemos que o que vós quereis para nós é melhor que qualquer coisa que possamos imaginar, mas não sabemos o que é. Fazei a vossa vontade ser conhecida por nós, Senhor. Iluminai a nossa mente com a vossa luz, e fazei nosso coração repousar na vossa paz. Livrai-nos de fazer qualquer coisa que vá contra a vossa vontade, e levai a termo o plano que tendes para nós. Mantende-nos próximos a vós, para que possamos seguir-vos, seja qual for o futuro para o qual nos conduzis.

Rezamos esta oração em nome de Cristo, nosso Senhor. Amém.

Oração dos pais após um aborto espontâneo

(Adaptada do *Book of Blessings* 292, 293)

Amado Deus, confortai o nosso coração e concedei que pela intercessão de Maria, que sofreu pela cruz de seu Filho, o Senhor possa iluminar a nossa fé, dar esperança para nosso coração e paz para nossa vida. Recebei esta vida que o Senhor criou com amor e confortai-nos neste momento de perda. Senhor, concedei-nos misericórdia e conforto na esperança de que um dia vivamos todos contigo, com teu Filho Jesus Cristo, e o Espírito Santo, para todo o sempre. Amém.

***

Se vocês já tiverem escolhido um possível nome para o filho que desejam, podem rezar a seu santo padroeiro para obter a graça de uma criança.

APÊNDICE B

Homens e mulheres bíblicos que enfrentaram a infertilidade

> Todos nós, judeus ou gregos, escravos ou livres,
> fomos batizados num só Espírito,
> para formarmos um só corpo,
> e todos nós bebemos de um único Espírito.
> Se um membro sofre,
> todos os membros sofrem com ele;
> se um membro é honrado,
> todos os membros se regozijam com ele.
> (1 Coríntios 12,13.26)

Pelo mundo, muitos nômades fazem do deserto o seu lar. Eles não percorrem sozinhos grandes distâncias, mas viajam em caravanas. Isso garante proteção e lhes permite partilhar os recursos necessários à sobrevivência. Juntos eles viajam em segurança. Sozinhos, eles arriscam a vida.

Quando casais passam pela infertilidade, costumam se sentir completamente sós. Assustados e isolados, eles lutam para encontrar os recursos de que precisam para a sobrevivência espiritual e emocional. Eles podem não saber que mais de um em cada dez casais enfrentam a infertilidade. Podem não perceber que, quando vão à missa, outras pessoas também estão rezando pelo presente de uma criança. Seus sentimentos de isolamento lhes deixam emocional e espiritualmente vulneráveis.

Contudo, como os nômades que atravessam o deserto juntos, os católicos também fazem essa viagem em um tipo de caravana. Nós a chamamos de Comunhão dos Santos. Pela virtude do batismo, estamos todos conectados espiritualmente uns aos outros e aos homens e mulheres que partiram para a vida eterna nos céus antes de nós. Nós os chamamos santos porque sabemos que estão com Deus. Por estarmos todos unidos a Cristo pela nossa fé, nós também estamos unidos um ao outro. Os santos são exemplos de santidade nos quais podemos espelhar nossa vida e em cuja intercessão podemos confiar para ter ajuda. Da mesma forma que pedimos aos nossos amigos para rezarem por nós, podemos pedir aos santos para que intercedam por nós também.

Católicos que passam pelo problema da infertilidade enfrentam o sofrimento em grande companhia. Muitos homens e mulheres santos, através dos tempos, viveram essa mesma situação. As histórias deles podem ser encontradas na Bíblia e no vasto depósito da Tradição da Igreja – grandes histórias de dor, esperança, persistência e, finalmente, cura. Às vezes, pode ser doloroso ouvir sobre casais inférteis que conseguiram conceber e dar à luz, porque aqueles de nós que não conseguiram podem se sentir passados para trás. Mas, às vezes, é encorajador saber que muitos anos de infertilidade podem ser superados. As histórias a seguir, retiradas da Bíblia, podem trazer esperança e oferecer a companhia de pessoas que sabem exatamente o que vocês estão passando.

Abrão e Sara (Gênesis 15–21)

No deserto, Deus prometeu a Abraão, cuja esposa Sara não lhe havia dado filhos, descendentes tão numerosos quanto as estrelas do céu (veja Gn 15). Após anos de infertilidade, desesperados por uma criança, eles usaram a serva de Sara, Agar, como uma barriga de aluguel. Ainda assim, Deus continuou a repetir a promessa feita a Abraão e Sara, de que eles conceberiam uma criança juntos. Abraão riu em resposta, dizendo para si próprio: "Será que um homem de cem anos vai ter um filho e que, aos noventa anos, Sara vai dar à luz?" (Gn 17,17). Finalmente, após pelo menos setenta anos de infertilidade, bem depois de Sara ter entrado na menopausa, Deus cumpriu sua promessa. Sara engravidou e deu à luz Isaac. O impossível se tornou possível, e aconteceu "no tempo que Deus lhe havia predito" (Gn 21,2). Deus usou esse casal infértil, excessivamente avançado em idade, para trazer à existência incontáveis gerações de descendentes que se tornariam os israelitas, nossos ancestrais na fé. Os Evangelhos segundo

São Mateus e São Lucas nos dão conta da genealogia de Jesus, onde aparece Isaac, o filho de Abraão e Sara.

Isaac e Rebeca (Gênesis 24–25)

Quando tinha quarenta anos, Isaac se casou com Rebeca, e seu casamento começou da mesma forma que o de seus pais, com infertilidade. A Bíblia nos diz que Rebeca era estéril. Esse casal deveria continuar o pacto que Deus estabeleceu com Abraão e fazer de sua família um povo grande e numeroso. Como isso poderia acontecer, se Isaac e Rebeca não podiam conceber? Isaac orou a Deus por sua esposa. Finalmente, Rebeca ficou grávida de gêmeos, apesar de ter tido uma gravidez difícil: "Os meninos chocavam-se no ventre. Ela disse: 'Se é assim, o que adianta viver?'. E foi consultar o Senhor" (Gn 25,22). Após sua provação, Rebeca deu à luz dois filhos saudáveis: Esaú e Jacó.

Jacó e Raquel (Gênesis 29–30)

Como seus pais e avós, Raquel e Jacó não podiam conceber uma criança juntos. A infertilidade se tornou uma tradição de família. Entretanto, a outra esposa de Jacó, Lia – irmã de Raquel –, era muito fértil (era costume da época que os homens tivessem mais de uma esposa). Lia deu quatro filhos a Jacó, enquanto Raquel não tinha nenhum. Raquel tinha tanta inveja da irmã que disse ao seu marido: "Dá-me filhos, senão eu morro!" (Gn 30,1). Como Sara, Raquel deu sua serva para o marido, de modo a ter filhos com ele por meio de uma barriga de aluguel. Raquel adotou os dois filhos que sua serva teve e, então, se tornou mãe. Finalmente, depois de suportar anos de infertilidade e intenso sofrimento por sua irmã, a Bíblia diz: "Então Deus se lembrou de Raquel. Deus a atendeu, tornando-a fecunda. Ela concebeu e deu à luz um filho e disse: 'Deus retirou a minha desonra'. Ela lhe deu o nome de José" (Gn 30,22-24a). Raquel mais tarde ficaria grávida novamente, mas ela morreu ao dar à luz seu filho Benjamin (Gn 35,18).

Manué e sua esposa (Juízes 13)

Um homem chamado Manué e sua esposa, de quem a Bíblia não diz o nome, eram casados quando os israelitas viviam sob o domínio do povo filisteu. Ela era estéril, mas um anjo do Senhor apareceu-lhe e prometeu um filho a ela e Manué. Eles se tornaram pais de Sansão, que mais tarde livraria os israelitas do poder dos filisteus.

Elcana e Ana (1 Samuel 1,1-28)

Em seguida, a Bíblia nos traz Elcana e Ana. Elcana amava sua esposa, "mas o Senhor a tinha deixado estéril. Ana, cheia de amargura, em profusão de lágrimas, orou ao Senhor. Fez a seguinte promessa: 'Senhor dos exércitos, se olhares para a aflição de tua serva e de mim te lembrares, se não te esqueceres da tua escrava e lhe deres um filho homem, eu o oferecerei a ti por toda a vida, e não passará navalha sobre a sua cabeça'" (1Sm 1,5c.10-11).

Deus ouviu a prece de Ana e ela concebeu e deu à luz ao filho de Elcana. Eles lhe deram o nome de Samuel, e ele se tornou um grande profeta.

Zacarias e Isabel (Lucas 1,5-25)

Finalmente a Bíblia nos traz a história de Zacarias e Isabel. Eles eram estéreis e avançados em anos quando o anjo Gabriel apareceu a Zacarias no Templo e anunciou que ele e Isabel conceberiam e teriam um filho. Zacarias duvidou de Gabriel, porque ele e sua esposa eram muito velhos. Em punição por essa falta de fé, Zacarias perdeu a sua voz. Ele voltou para casa e concebeu um filho com sua esposa. Quando Isabel descobriu que estava grávida, ela exclamou: "Assim o Senhor fez comigo nestes dias: ele dignou-se tirar a vergonha que pesava sobre mim" (Lc 1,25). Zacarias não pôde falar até que seu filho nascesse. Eles o chamaram João, a quem nós agora conhecemos como São João Batista.

Joaquim e Ana

Embora a história não apareça na Bíblia, aprendemos da tradição católica que Ana e Joaquim também eram inférteis. Eles já eram casados há muitos anos, quando o anjo lhes apareceu, anunciando uma criança prometida por Deus. Eles conceberam e deram à luz uma menina, a quem deram o nome de Maria. Como Ana (de Elcana), eles dedicaram sua filha ao serviço do Senhor e a criaram de uma maneira santificada. Maria foi prometida a um homem chamado José e, mesmo permanecendo virgem, ela se tornou a mãe de Jesus.

A jornada da infertilidade

Nós jamais encontraremos um casal que tenha enfrentado a infertilidade por tanto tempo quanto Abraão e Sara. A pobre Rebeca finalmente recebeu o que desesperadamente desejava, apenas para sofrer uma gravidez de risco. Que tristeza Raquel deve ter sentido quando testemunhou as sete gestações de sua irmã enquanto permanecia infértil por tanto tempo. Todas essas figuras bíblicas tiveram jornadas muito singulares e difíceis com a infertilidade, mas Deus escolheu usar esses três casais inférteis para seu grande propósito. Eles se tornaram os ancestrais dos israelitas, que mais tarde na história se tornariam conhecidos como o povo judeu. É desses grandes patriarcas e matriarcas que o próprio Jesus descende.

Não seria maravilhoso receber uma mensagem clara de Deus como a esposa de Manué, Zacarias e Ana e Joaquim? Certamente, muitos de nós já tentaram barganhar com Deus em troca de uma criança como Ana, mulher de Elcana, fez. A Mãe Santíssima, já grávida, visitou Isabel enquanto esta também estava grávida. Que maravilhoso deve ter sido para Isabel dividir sua tão esperada gravidez com sua jovem prima.

Todos esses casais eventualmente conceberam e deram à luz crianças saudáveis. Infelizmente, esse pode não ser o caso para todos nós. Entretanto, essas histórias de força, esperança e perseverança não seriam diminuídas se esses casais jamais se tornassem pais. Suas experiências de infertilidade não foram mais brandas porque eles mais tarde conceberam uma criança, e talvez nos possam dar esperança. Eles podem interceder junto a Deus por nós como ninguém mais pode, pois conhecem a nossa luta, da qual compartilharam durante a vida.

Um último grupo de pessoas que encontramos na Bíblia pode nos contar mais sobre o deserto. Ao longo do livro do Êxodo, aprendemos como Deus guiou o povo de Israel para fora da escravidão no Egito. Deus os guiou em uma fatídica jornada de liberdade para a terra prometida. Mas Deus não os guiou por um caminho direto. Eles passaram quarenta anos vagando perdidos pelo deserto, temendo morrer de fome e sede. Foram despojados de tudo o que tinham. Nesse ambiente punitivo, perceberam sua própria fraqueza e foram forçados a reconhecer a dependência diária de Deus para tudo que precisavam. Deus lhes deu comida para comer e água para beber. Muitos deles teriam preferido deixar o deserto e retornar para a escravidão no Egito. Mas porque estavam no deserto, vulneráveis e abatidos, eles perceberam quem realmente eram perante Deus. No deserto, Deus revelou-se a eles como o seu Deus, e eles se tornaram o seu povo. Ele fez uma nova aliança com eles e lhes deu a sua lei. Ele revelou-se a Moisés no monte santo, e Moisés viu Deus face a face. Deus habitou no meio do seu povo no deserto.

O deserto dos israelitas é o nosso deserto, pois através da infertilidade Deus pôde realizar a sua vontade para a nossa vida. Durante a travessia do deserto, nós podemos reconhecer a nossa fragilidade e a nossa dependência de Deus para cada necessidade. Em nossa vulnerabilidade, Deus nos convida a permitir que ele seja o nosso Deus, de modo que nos tornemos os seus seguidores. Como os israelitas, a maioria de nós preferiria não estar neste deserto. Mas, se nos voltarmos para Deus e permitirmos que ele nos guie para fora do deserto, nós também encontraremos o seu amor e misericórdia. E eventualmente, se continuarmos seguindo-o, ele nos guiará para a terra onde o deserto acaba.

APÊNDICE C

Santos padroeiros dos casais

Santos padroeiros para a proteção contra a infertilidade

Sant'Ana
Santa Ágata da Sicília
Santa Cacilda de Toledo
Santa Felicidade de Roma
Santa Filomena
Santa Margarida de Antioquia
Santa Rita de Cássia
Santo Antônio de Pádua
Santo Egídio
São Fiacre
São Henrique II
São Medardo
São Teobaldo Roggeri

Santos padroeiros para a proteção contra o aborto espontâneo

Santa Catarina da Suécia
Santa Catarina de Sena

Santos padroeiros dos nascituros

Santa Gianna Beretta Molla
São Geraldo Majela
São José

Santos padroeiros das crianças adotadas

Santa Clotilde
São Tomás Moro
São William de Rochester

Santos padroeiros das pessoas sem filhos

Santa Ana Line
Santa Catarina de Gênova
São Gomário
São Henrique II
São Juliano, o Hospitalário

Santos padroeiros dos pais

São Joaquim
São José

Santos padroeiros das mães
Sant'Ana
Santa Gianna Beretta Molla
Santa Mônica
São Geraldo Majela

APÊNDICE D

Recursos adicionais

Documentos da Igreja

CATECISMO DA IGREJA CATÓLICA. Disponível em: <http://www.vatican.va/archive/cathechism_po/index_new/prima-pagina-cic_po.html>.

CONSELHO PONTIFÍCIO PARA A FAMÍLIA. *Sexualidade Humana*: verdade e significado. Orientações educativas em família, 1995.

JOÃO PAULO II. Carta encíclica *Evangelium Vitae*, sobre o valor e a inviolabilidade da vida humana, 1995. Disponível em: <http://w2.vatican.va/content/john-paul-ii/pt/encyclicals/documents/hf_jp-ii_enc_25031995_evangelium-vitae.html>.

_____. Exortação apostólica *Familiaris Consortio*, sobre a função da família cristã no mundo de hoje, 1981. Disponível em: <http://w2.vatican.va/content/john-paul-ii/pt/apost_exhortations/documents/hf_jp-ii_exh_19811122_familiaris-consortio.html>.

PAULO VI. Carta encíclica *Humane Vitae* sobre a regulação da natalidade, 1968. Disponível em: <http://w2.vatican.va/content/paul-vi/pt/encyclicals/documents/hf_p-vi_enc_25071968_humanae-vitae.html>.

SAGRADA CONGREGAÇÃO PARA A DOUTRINA DA FÉ. Instrução *Dignitas Personae*, sobre algumas questões de bioética, 2008. Disponível em: <http://www.vatican.va/roman_curia/congrega

tions/cfaith/documents/rc_con_cfaith_doc_20081208_dignitas-personae_po.html>.

SAGRADA CONGREGAÇÃO PARA A DOUTRINA DA FÉ. Instrução *Donum Vitae* sobre o respeito à vida humana nascente e a dignidade da procriação, 1987. Disponível em: <http://www.vatican.va/roman_curia/congregations/cfaith/documents/rc_con_cfaith_doc_19870222_respect-for-human-life_po.html>.

UNITED STATES CONFERENCE OF CATHOLIC BISHOPS. *Life-Giving Love in an Age of Technology*. Washington, 2009.

UNITED STATES CONFERENCE OF CATHOLIC BISHOPS. NIGHT PRAYER. In: *Liturgy of the Hours*. Washington, 1996.

Livros, revistas e artigos

Adoptive Families. Revista bimestral publicada por New Hope Media.

ALVARÉ, Helen. Assisted Reproductive Technology and the Family. Respect Life Program, United States Conference of Catholic Bishops, 2007. Disponível em: <http://www.usccb.org/issues-and-action/human-life-and-dignity/reproductive-technology/>.

ANDERSON, Marie; FACOG, John Bruchalski. Assisted Reproductive Technologies Are Anti-Woman. Respect Life Program, United States Conference of Catholic Bishops, 2004. Disponível em: <http://www.usccb.org/issues-and-action/human-life-and-dignity/reproductive-technology/>.

BILLINGS, Evelyn; WESTMORE, Ann. *The Billings Method*. Controling Fertility without Drugs or Devices. Niagara Falls: Life Cycle Books, 2000. [Ed. bras.: *O método Billings*: controle da fertilidade sem drogas e sem dispositivos artificiais. 4. ed. São Paulo: Paulus, 1988.]

HAAS, John M. Begotten Not Made: A Catholic View of Reproductive Technology. Respect Life Program, United States Conference of Catholic Bishops, 1998. Disponível em: <http://www.usccb.org/issues-and-action/human-life-and-dignity/reproductive-technology/>.

HILGERS, Thomas W. *The NaProTechnology Revolution*: Unleashing the Power in a Woman's Cycle. New York: Beaufort Books, 2010.

KIPPLEY, John e Sheila. *Natural Family Planning*: The Complete Approach. Raleigh: Lulu Publishers, 2009.

MAY, William E. *Catholic Bioethics and the Gift of Human Life*. Huntington: Our Sunday Visitor Books, 2000.

PACKARD, Jean Blair (ed.) *In Their Own Words*: Women Healed. Omaha: Pope Paul VI Institute Press, 2004.

SHANNON, Marilyn M. *Fertility, Cycles and Nutrition*. 4. ed. Cincinnati: Couple to Couple League, 2009.

WEST, Christopher. *Good News about Sex and Marriage*: Answers to Your Honest Questions about Catholic Teaching. Ann Arbor: Servant Publications, 2000.

WOLFE, Jaymie Stuart. *The Call to Adoption*: Becoming Your Child's Family. Boston: Pauline Books & Media, 2005.

Internet

O National Center for Women's Health, associado ao Instituto Papa Paulo VI, está alinhado aos ensinamentos da Igreja Católica sobre a reprodução humana e é um dos programas de infertilidade mais bem-sucedidos nos Estados Unidos. Os seguintes websites são dedicados aos diferentes aspectos da missão do Instituto Papa Paulo VI e são fontes úteis de recursos para casais que enfrentam a infertilidade.

Instituto Papa Paulo VI para os Estudos
da Reprodução Humana
www.popepaulvi.com

Site pessoal do Dr. Hilger
www.drhilgers.com

NaProTechnology
www.naprotechnology.com

Academia Americana de Profissionais em FertilityCare
www.aafcp.org

Centros de FertilityCare da América
www.fertilitycare.org

Centro Nacional de Bioética Católica
www.ncbcenter.org

Secretaria de Atividades Pró-Vida da USCCB
www.usccb.org/prolife

Tate e Lottie Hilgefort oferecem apoio para casais que enfrentam a infertilidade através do seu website, em contato individualizado e em grupos de apoio. O site deles, fácil de entender e navegar, compila uma boa quantidade de informação sobre bioética católica. No site também há links para blogs de católicos que estejam passando pela infertilidade. Gostaria que um site como esse existisse quando meu marido e eu estávamos passando por isso: <www.catholicinfertility.org>.

Blogs católicos sobre infertilidade

Há também muitos católicos que já passaram pela infertilidade e que dividem suas experiências através de blogs.

Sites sobre adoção

Pesquise os Grupos de Apoio à Adoção da sua região e a Vara da Infância mais próxima da sua residência.

Organizações atentas à fertilidade

Sistema Creighton Model Fertility*Care*: <www.creightonmodel.com>.

Método de Ovulação Billings: <www.billingsmethod.org/bom/lit/teach/index_pt.html>.

Liga Internacional de Casal para Casal (método sintotermal): <www.ccli.org>.

Cura após aborto

Projeto Raquel: <www.projetoraquel.org.br>.

Ministério A Vinha de Raquel: <www.rachelsvineyard.org>.

Impresso na gráfica da
Pia Sociedade Filhas de São Paulo
Via Raposo Tavares, km 19,145
05577-300 - São Paulo, SP - Brasil - 2017